JN195351

使徒的勧告

キリストは生きている

教皇フランシスコ

FRANCISCI

SUMMI PONTIFICIS

ADHORTATIO APOSTOLICA

POST-SYNODALIS

CHRISTUS VIVIT

カトリック中央協議会

目次

装丁　桂川潤

教皇フランシスコ　使徒的勧告　キリストは生きている

若者とすべての神の民へ

1　キリストは生きておられます。このかたはわたしたちの希望、この世界で最高峰の若さです。触れるものすべてが若返り、新たにされ、生命力にあふれ出します。ですから青年キリスト者にわたしが何より伝えたいのは、このことばです。――このかたは生きておられ、あなたに生きる者であってほしくてたまらないのです。

2　このかたはあなたのうちにおられ、あなたとともにおられ、あなたを決して見捨てません。あなたがどれだけ離れても、復活されたかたはそこにいて、やり直すようあなたを呼び、待っておられます。悲しみ、恨み、恐れ、疑い、挫折により、自分が老いたと感じても、あなたが力と希望を取り戻せるよう、そのかたはそこにいてくださいます。

3　わたしはすべての青年キリスト者に向けて、心を込めてこの使徒的勧告をしたためています。わたしたちの信仰による信念をいくつか喚起すると同時に、聖性を育て、自己の召命にますます従うよう励ますための手紙です。ただし、本書は世界代表司教会議《シノドス》の歩みにおける道標であり、神の民全体、司牧者ならびに信者にもあてたものです。青年に関する青年のための考察は、わたしたち皆に問いかけ、わたしたち皆を駆り立てるからです。ですから、ある段落では直接青年に向けて語り、他においては教会の識別のためのより全般的な説明を行うつもりです。

4　昨年のシノドスでの豊かな意見と対話に、わたしは創意を刺激されています。最終文書から読み取れる貢献をここにすべて盛り込むことはできませんが、この手紙を書くことで、わたしがもっとも重要と思った提言にこたえるべく努めました。そうすればわたしのことばには、シノドスに意見を寄せてくださった世界中の信者の無数の声が盛り込まれるでしょう。

信者ではない青年も、自分の意見をもっての参加を望み、わたしにとって新たな問題に触れることとなる課題を教えてくれました。

第一章　神のことばは青年について何を語るか

5　では、青年について、また主が彼らに接する様子をたびたび語っている、聖書の宝の一部を拾ってみましょう。

旧約聖書では

6　まだ若者が一人の人間として扱われなかった時代にあっても、神は違う目で見ておられると教える箇所がいくつかあります。たとえば、ヨセフは家族の中で最年少でした（創世記

37・2―3参照）。にもかかわらず神は彼に夢を通して重大なことを伝え、二十歳そこそこで重要な任務を負わせ、それによってどの兄にも勝る者となさいました（創世記37～47章参照）。

7　わたしたちはギデオンに、現実を美化することのできない、青年らしいまっすぐな心を見ます。主が自分とともにおられると聞かされ、ギデオンはこういいます。「主なる神がわたしたちとともにおいでになるのでしたら、なぜこのようなことがわたしたちにふりかかったのですか」（士師記6・13）。それでも神はこの糾弾にひるまず、ギデオンに賭ける思いを重ねて述べました。「あなたのその力をもって行くがよい。あなたはイスラエルを、……救い出すことができる」（士師記6・14）。

8　サムエルは年端もいかない子どもでしたが、主は彼とことばを交わしました。年長者の助言のおかげで、彼は神の呼びかけを聞き入れるまでに心を開きます。「主よ、お話しください。しもべは聞いております」（サムエル上3・9）。それゆえに彼は、祖国の一大事にあって、大きな役割を担う預言者たりえたのです。王サウルもまた、己の使命を果たすようにと主に呼びかけられたのは、若いころでした（サムエル上9・2参照）。

9　ダビデが王に立てられたのは少年時代です。預言者サムエルがイスラエルの新しい王を探していたとき、一人の男が候補者として紹介したのは、年長で経験を積んだ息子たちでした。ところが預言者は、選ばれたのは羊の番をしていた少年ダビデであり（サムエル上16・6―13参照）、それは「人は目に映ることを見るが、主は心によって見る」（7節）からだといったのです。若者の栄誉は、鍛えられた肉体や、他人の抱く印象にあるのではなく、むしろ心の状態にあるのです。

10　父の跡を継がなければならなかったソロモンは、途方に暮れて神にいいました。「わたしは取るに足らない若者で、どのようにふるまうべきかを知りません」（列王記上3・7）。それでも彼は、若い人に特有の大胆さに動かされて神に知恵を請うことができましたし、自らの使命に邁進できたのです。同じようなことは預言者エレミヤにも起きました。まだ母の胎にいたころに、同胞の民を目覚めさせるよう召し出されていたのです。不安の中で彼はいいました。「ああ、わが主なる神よ、わたしは語ることばを知りません。わたしは若者にすぎませんから」（エレミヤ1・6）。しかし主は、それはいうなといって（エレミヤ1・7参照）、

「彼らを恐れるな。わたしがあなたとともにいて、必ず救い出す」（エレミヤ１・８）と付け足しました。己の使命に対する預言者エレミヤの献身は、若者の威勢のよさと神の力が手を取ってなしうることを教えてくれます。

11　異邦人の軍人ナアマンの使用人だったユダヤの少女は、彼の病の治癒に手を貸すために、信じる心から、立ち入ったことをします（列王記下５・２―６参照）。若いルツは、失意の底に沈む義母から離れずにいたことで寛大さを体現し（ルツ１・１―18参照）、人生を切り開くために大胆不敵な行動までとったのです（ルツ４・１―17参照）。

新約聖書では

12　イエスのたとえ（ルカ15・11―32参照）は、「年下の」息子が父の家を出て遠い国に行きたいと望んだこと（12―13節参照）を語ります。ところが、その独立心は放蕩や奔放に変わり（13節参照）、彼は激しい孤独と困窮を味わいました（14―16節参照）。それでも彼は、新たなスタートを切るためにしっかり考え抜くことができた（17―19節参照）ために、立ち上がろうと決断したのです（20節参照）。変える意欲がある、立ち上がることができる、人生から学ぼうとする、これこそが若い心です。このように新たな試みに挑戦している子に、寄り添わないなどということがあるでしょうか。ところが兄の心はすでに老い、貪欲と利己心と嫉妬心に支配されるがままでいます（28―30節参照）。自分を生真面目だと信じていても実のところは愛も情けもない人よりも、正しい道に戻る年若い罪人を、イエスは褒めたてるのです。

13　永遠の若者であるイエスは、わたしたちに若いままの心を与えたいのです。神のことばは「いつも新しい練り粉のままでいられるように、古いパン種をきれいに取り除きなさい」（一コリント5・7）と求めます。また「古い人」を脱ぎ捨て、「新しい人」を身に着けるようにも呼びかけています（コロサイ3・9、10参照）[1]。「新たにされ」（10節）るという若さを身に着けることは、「神に選ばれ、聖なる者とされ、愛されているのですから、あわれみの心、慈愛、謙遜、柔和、寛容を身に着け」、「互いに忍び合い、責めるべきことがあっても、ゆるし合」（コロサイ3・12―13）うことだと説明しています。つまり真の若さとは、愛することのできる心をもつということです。逆に、自分を他者から遠ざけるものは何であれ、心を老けさせてしまいます。だから「これらすべてに加えて、愛を身に着けなさい。愛は、すべてを完成させるきずなです」（コロサイ3・14）と締めくくっているのです。

14　心してください。イエスが嫌がっておられたのは、大人が若い人を見くびったり、上から威圧的に彼らを従わせたりすることです。このかたは、それとは正反対に、「あなたがたの中でいちばん偉い人は、いちばん若い者のようになり……なさい」（ルカ22・26）と訴えておられました。イエスには年功序列などなく、年齢が下だということが、劣っていることや位が低いことにはなりませんでした。

15　神のことばは、若者を「兄弟と思い」（一テモテ5・1）接しなさいといい、親である人には「子どもをいらだたせてはならない。いじけるといけないからです」（コロサイ3・21）と助言しています。若者がやる気を失うことがあってはなりません。若者らしさは、大きなことを夢見ること、広い地平を目指すこと、果敢にその先へ向かうこと、世界を手にしようとすること、挑まれたら受けて立てること、よりよいものを築くために最善を尽くそうとすることです。ですから若者たちには、希望を奪われることのないようにと、声を大にしていいたいのです。そして一人ひとりにもう一度伝えます。「あなたは、年が若いということで、だれからも軽んじられてはなりません」（一テモテ4・12）。

16　ただし、若い人は「長老に従いなさい」（一ペトロ5・5）とも勧められています。聖書は一貫して、年老いた者への心からの尊敬を促しています。彼らは経験豊かで、酸いも甘いも、人生の喜びも底知れない苦悩も、夢も幻滅も味わった静かなその心には、わたしたちが間違ったり、偽りの幻想に惑わされたりしないための助けとなる多くの経験が刻まれているからです。老いた賢人のことばは、節度を守り、年相応に言動を慎みなさいと呼びかけます。いわく、「同じように、万事につけ若い男には、思慮深くふるまうように勧めなさい」（テトス2・6）。若さを崇拝することも、もしくは、年寄りだから、あるいは世代が違うからといって年老いた人を見下す若年の態度も間違いです。学びを得た者は、自分の倉から新しいものも古いものも取り出すことができると、イエスはいわれました（マタイ13・52参照）。賢い若者は未来に開かれており、しかし同時に、いつでも、他者の経験から学べる者です。

17　マルコ福音書には、イエスが戒律のことに触れると「そういうことは皆、子どものときから守ってきました」（10・20）という人物が登場します。はるか昔から詩編は歌っています。

「主よ、あなたはわたしの希望。主よ、わたしは若いときからあなたにより頼（んできました。）……わたしの若いときから、あなたご自身がつねに教えてくださるので、今に至るまでわたしは、驚くべきみわざを語り伝えてきました」（71・5、17）。善良な者として、主に心を開き、ほかの人とは違う生き方で青春時代を過ごすことを悔しく思う必要はありません。いずれも若さを奪うわけではなく、むしろもり立て、いっそう若々しくしてくれます。「鷲《わし》のような若さを新たにしてくださる」（詩編103・5）。だから聖アウグスティヌスは嘆くのです。「あなたを愛するのがあまりにも遅すぎました。なんと古くて、なんと新しい美よ、あなたを愛するのがあまりにも遅すぎました[2]」。ところがあの金持ちの男は、青年時代を神に忠実に過ごしていながら、年を重ねることで夢を失っていき、己の財産に執着し続けることを選んだのです（マルコ10・22参照）。

18　一方、マタイ福音書に登場する若者（マタイ19・20、22参照）はイエスのもとへ行き、新しい地平と大きな挑戦を求める若者らしいあの開かれた心をもって、ほかに必要なことを尋ねます（20節参照）。実のところこの人の心は、それほど若くはありませんでした。贅沢と快適な暮らしにとっくに慣れ切っていたのです。口ではもっと別のものを望んでいるといいながらも、イエスから、私欲を捨てなさい、そして財産を分け与えなさいといわれると、所有物を手放すことなどできないと気づくのです。結局「青年はこのことばを聞き、悲しみながら立ち去った」（22節）のです。彼は若さを捨ててしまったのです。

19 福音はまた、思慮深い若い女性たちについても語っています。ほかの者たちがうかつにも眠り込んでいる中、支度を整え目覚めていた者たちです（マタイ25・1―13参照）。青年期を、ぼんやりと、薄っぺらな生活をなぞるだけで、目覚め切れぬまま、密な関係を築くことや濃い人生を送ることができずに過ごす人もいるでしょう。そうしてその人は、実体のない、しがない未来を仕立てているのです。逆に、すばらしいことや大きなことに励んで青年時代を過ごす人は、生きがいと内的な宝でいっぱいな未来の下地を作っているのです。

20 あなたが、活力あふれる内面、夢、熱意、希望、おおらかさを失ってしまうと、イエスは、かつてやもめの死んだ息子の前に立ったようにあなたの前に現れ、復活した主としての力のかぎりに訴えるのです。「若者よ、あなたにいう。起きなさい」（ルカ7・14）。

21　もちろん、人生のこうした時期についてヒントとなる神のことばは、ほかにもたくさんの箇所にあります。そのいくつかを、次章で取り上げていきましょう。

第二章　イエス・キリストはいつも若い

22　イエスは「青年たちの間では青年となって、青年たちの手本となり、（彼らを）主のために聖別した(3)」。だから世界代表司教会議《シノドス》は、「青年期とは人生の中で特別で刺激的な時期であり、イエスご自身も過ごし、それゆえそれを聖なるものとなさった(4)」とはっきりと述べました。イエスの青年期について、福音は何を語っているでしょうか。

イエスの青年時代

23　主は三十を過ぎたころ（ルカ3・23参照）、十字架の上で「息を引き取られ」（マタイ27・50）ました。イエスが青年であったと認識しておくのは大切なことです。そのいのちを差し出したのは、現代でいえば若い成人として位置づけられる年でのことです。青年期の盛りを迎えて公生活を始め、それにより「光が射し込んだ」（マタイ4・16）のです。しかも、ご自分のいのちをささげ尽くしたときに、その光は最大になりました。この最期は突然の出来事だったのではなく、青年時代のすべての瞬間がそのための大切な準備でした。「イエスの生活全体のひとこまひとこまにその神秘の痕跡[5]」があり、「キリストの全生涯はあがないの神秘[6]」だからです。

24　福音書はイエスの幼年期には触れませんが、少年時代や青年時代のいくつかの出来事を伝えています。マタイは主の青年期を、二つの出来事で挟んでいます。逃避行を終えての家族でのナザレ帰還と、公生活の始まりとなるヨルダン川での洗礼とです。幼子イエスの最後の姿は、エジプトに避難した赤子であり（マタイ2・14―15参照）、その後のナザレに帰還したときのものです（マタイ2・19―23参照）。若い成人となったイエスの最初の姿は、ご自分の民の大方と同じく、いとこである洗礼者ヨハネから洗礼を受けるために、ヨルダン川のほとりにいた群衆の中に見られます。

25　その洗礼は、恵みの人生へと導き入れるものであるわたしたちの洗礼とは違い、あのかたの人生そのものである重い使命を始めるにあたっての奉献でした。福音は、この洗礼が御父の喜びと満足を呼び起こしたと伝えます。「あなたはわたしの愛する子」（ルカ3・22）。イエスは聖霊に満たされた姿で現れるとすぐに、霊によって砂漠へと導かれました。そうして、教えを説き、奇跡を行い、解放といやしを与えるために出向く支度を整えたのです（ルカ4・1―14参照）。どの青年も、この世での使命を果たすようにという呼び出しに気づいたときは、父なる神が語っておられるあのことばを心で感じ取るよう招かれているのです――「あなたはわたしの愛する子」。

26　こうしたエピソードと並び、思春期のただ中にあるイエスを伝えている話があります。親とはぐれて神殿で見つけられた後、両親とともにナザレに戻ってからのことです（ルカ2・41―51参照）。そこには、イエスは家族との縁を切らずに「彼らに仕えた」（ルカ2・51参照）とあります。次いでルカは、イエスは「知恵が増し、背丈も伸び、神と人とに愛された」（ルカ２・52）と加えています。つまりイエスは、準備をしながら、御父との、そして他の人々とのきずなを強めていたのです。聖ヨハネ・パウロ二世は、身体的ばかりか「イエスは精神的にも成長もした」と説きました。というのも「イエスに注がれた豊かな恵みは、年齢に比例していきます。恵みはつねに存分に注がれてはいましたが、年齢が上がるにつれてそのふんだんさは増した(7)」からです。

27　福音書によるこうした情報を基にいえるのは、若いころのイエスは「トレーニング中」で、御父の計画を実現するための支度中だったということです。少年時代と青年時代が、イエスをあの究極の使命へと向かわせたのです。

28　少年時代と青年時代のイエスの御父との関係は、愛されている子らしいもので、御父にあこがれて、御父に関することにのめり込んで成長しました。「どうしてわたしを捜したのですか。わたしが自分の父の家にいるのは当たり前だということを、知らなかったのですか」（ルカ２・49）。ですが、イエスが人を寄せつけない少年だったとか、自分のことだけ考えている若者だったとは思えません。イエスと周囲の人との関係は、村に溶け込んだ家庭の生活を満喫している若者らしいものでした。父親の稼業を習い、後に大工の仕事を継ぎました。だから福音書では、あるときには「大工の息子」（マタイ13・55）と、そして別のときには単に「大工」（マルコ6・3）と呼ばれたのです。こうした細部は、イエスが大方の村民とたがわぬ、ごく普通の子どもだったことを教えてくれます。イエスをほかと違う、変わった少年と思う人もいませんでした。だからこそ、イエスが教えを説き始めたとき、人々には彼がどこでその知恵を得たのかさっぱり分からなかったのです。「この人はヨセフの子ではないか」（ルカ4・22）。

29　事実「イエスもまた、マリアとヨセフとの閉鎖的・排他的なかかわりの中で育ったのではなく、親類も友人もいる開放的な家庭の中で楽しく動き回っていました[8]」。ですから、エルサレム巡礼からの帰路、十二歳の息子を丸一日見なくとも、巡礼団の中を好きなように動き回っているのだろうと両親は心配せずにいたこと（ルカ2・42参照）も納得できます。「イエスが道連れの中にいるものと思い、一日分の道のりを行ってしま」（ルカ2・44）ったのです。彼らはイエスが、人々の間をうろちょろしたり、同年代の子どもとふざけたり、大人の話に聞き入ったり、旅する一団の喜びや悲しみをともにしながらいるだろうと思っていました。ルカがこの巡礼団にあてるギリシア語シノディアは、まさに、聖家族も属するこの「旅する共同体」のことなのです。親からの信頼のおかげで、イエスは自由に動き回り、他の人とともに歩むことを覚えたのです。

あのかたの若さに照らされて

30　イエスの人生におけるこの時期は、成長し自分の使命を果たす準備をする青少年一人ひとりにとって、刺激となるはずです。そこには、御父との関係を、家族そして社会の一員としての自覚を、開かれた心――聖霊に満たされ、神から託された使命を果たす、固有の召命へ導かれるための――を、深めることも含まれています。青年司牧では、このいずれをも軽んじることはできません。青少年を家族や世の中から切り離すようなもくろみや、純粋培養されたエリートの少数派にするもくろみが掲げられることのないようにです。むしろ、彼らを励まし、彼らに寄り添い、彼らを他者との出会い、寛大な奉仕、宣教へと送る計画が必要なのです。

31　イエスはあなたがた若者を離れた場所や外側からではなく、ご自身の若さから照らしています。イエスは若さを皆さんと共有しているのです。福音書が示す青年イエスを黙想するのはとても大切なことです。このかたは本当にあなたたちの一員であり、このかたの内に、若者らしい心のさまざまな面を認識できるからです。たとえば、次のような特徴の中にそれは見られます。「イエスには御父への無条件の信頼がありました。弟子たちとの友情を大切にし、危機にあっても彼らを裏切りませんでした。もっとも弱い者、とくに、困窮者、病者、罪人、つまりはじきにされる者に対し、深い同情を示されました。時の宗教的・政治的権力に立ち向かう勇気がありました。誤解され捨てられる経験もなさいました。苦痛への恐怖を知り、受難におけるもろさも経験されました。御父の確かなみ手と聖霊の力にご自分をゆだねつつ、まなざしを未来に向けておられました。若者はだれもが、イエスに自分を見ることができるはずです(9)」。

32　また、イエスは復活なさり、ご自分の復活による新しさを分かち合ってほしいとわたしたちに願っておられます。このかたは、年老いた世にあってのまことの若さであると同時に、「産みの苦しみ」(ローマ8・22)を伴って、ご自分の光といのちとで覆われるのを待つ万物にとっての若さでもあります。このかたの傍らでわたしたちは、夢や計画や高い理想を鮮やかに保ち、歩む価値のある生き方を告げることへと送り出す、まことの泉からくむことができるのです。マルコによる福音書の注意を引く二つの箇所には、イエスの復活にあずかった人々のもつ真の若さへの招きが示されています。一つは、主の受難物語に登場する、恐れる若者です。イエスについては来たけれど、裸で逃げた人で（マルコ14・51―52参照）、すべてを懸けて主に従う強さのなかった若者です。もう一つは、空の墓にいる、「白い長い衣を着た」（16・5）若者です。恐れを捨てるよう呼びかけ、復活の喜びを告げたかたです（16・6―7参照）。

33　主は、他の若者たちの闇夜に星を輝かせるよう呼びかけています。まことの星々を見上げるよう招いておられます。動かずにいるのではなく、畑を耕すために星を観察する農夫に倣うよう、主が示してくださる千差万別の星のしるしです。神はわたしたちが歩み続けられるよう星を輝かせておられます。「星はおのおの持ち場で喜びにあふれて輝き、そのかたが命ずると、「ここにいます」と答え」（バルク3・34―35）ます。まさしくイエスこそが、希望であり闇夜の導きである、大いなる光です。このかたは「輝く明けの明星である」（黙示録

22・16）からです。

教会の若さ

34　若さとは、年齢よりも心の状態です。ですから、教会のような古くからの団体も、その長い歴史の折々で刷新され、若さを取り戻すことができます。事実、そのとりわけ悲惨なときに教会は、初めのころの愛の本質に立ち帰れとの呼びかけを感じるのです。この事実に言及し、第二バチカン公会議は次のように述べました。「たえず生き続けてきた長い歴史を経て豊かにされ、歩みを続ける教会――時間の流れとともに人間の完成へ向かって、また歴史といのちの目指す究極の目的地に向かって――は、世における真の若者です」。教会ではいつでも、「若者の同伴者であり友[10]」である、キリストに会えるのです。

若返ろうとする教会

35　教会を老けさせ、過去に執着させ、停滞させ、動かないものにしてしまうものから、解き放たれていられるよう主に願いましょう。また、その他の誘惑、すなわち、世俗の差し出すものすべてに追従《ついじゅう》することで若いと思い込んだり、伝えたいことを隠して別のもので装うことで自分は新しくされたと信じ込んだりする誘惑からの解放も願いましょう。そうではありません。教会は教会らしくあるときに若いのです。つまり、神のことばから、聖体から、キリストの現存から、その霊の力から日々もたらされる新たな力を受け取り続けているならば、若いのです。自らの源に立ち帰り続けることができるかぎり、若いのです。

36　わたしたち教会の成員が「変わり者」であってはならないことは確かです。「民衆全体から好意を寄せられた」（使徒言行録2・47。同4・21、33、5・13参照）使徒たちと同じく、だれからも兄弟や隣人のように感じてもらえなければなりません。ただし一方では、あえて違っていなければならないこともあります。この世が示すものとは違う夢を示し、寛大、奉仕の心、純心、勇気、ゆるし、固有の召し出しへのひたむきさ、祈り、正義と共通善追求の闘い、貧しい人への愛、社会的友好、これらのすばらしさをあかしすることです。

37　キリストの教会は、熱意を失う誘惑にさらされ続けています。信仰に懸けなさい、危険を顧みずすべてをささげなさいという主の招きに耳を貸さなくなって、かえってこの世の偽りの安心を求めることで失うのです。教会が若さを保つことに手を貸せるのは、まさしく若者です。彼らは教会が腐敗しないよう、停滞しないよう、思い上がらないよう、セクト化しないよう、より貧しい者になってあかしできるよう、底辺に追いやられた人、卑しめられている人に寄り添っているよう、正義のために闘うよう、そして、謙虚に自らへの尋問を受け入れられるよう、助けてくれます。若者が教会に若さのすばらしさをもたらしてくれるのは、彼らが「始めることを喜ぶ、見返りを求めずに自らを差し出す、生まれ変わる、新たな成果のために新たに出発する才能[11]」を活性化させるときです。

38　もはや若者ではないわたしたちには、彼らの声や勢いに触れる機会が必要です。「近くにいれば、教会が対話と魅力的な兄弟愛のあかしの場となるための環境が整います[12]」。若者の声が響く場所をもっと作らなければなりません。「耳を傾けることで、共感を背景に、たまものの交換が可能となります。……また、福音の告知が、鮮明かつ実り豊かに、真に心に突き刺さるものとなるための条件が整うのです[13]」。

時のしるしに注意深くある教会

39　「多くの若者にとって、神や宗教や教会はただの単語でしかないとしても、イエスが魅力的に説得力をもって紹介されると、彼らはイエスという人物に敏感に反応します(14)」。だから教会は、己のことにのめり込むよりも、ひたすらにイエス・キリストを映すものであらねばなりません。それは、具体的なことがらのいくつかを変える必要があり、そのためには教会が、若者の見解、それればかりか批判をも吸い上げなければならないと謙虚に認めるということです。

40　シノドスでは、次のことが確認されました。「理由は実にさまざまですが、一定数の若者が、教会は自分の人生にとって何の意味もないと考え、教会に何も期待していません。それどころか、かまわないでほしいとわざわざ言明する人もいます。教会の存在をうっとうしい、さらにはいらいらするとまで感じているからです。こうした要望は大概、無批判で感情的な蔑視から生じるのではなく、もっともで、相応の理由に根があります。性的あるいは経済的なスキャンダル、多感な若者の心をうまくつかめていない心得不足の叙階された奉仕者、説教の準備や神のことばの説明にあたっての手抜き、キリスト教共同体の中で若い人にあてがうのは受動的役割であること、現代社会に対しその教義的・倫理的立場の根拠を示すことに教会が難渋している、といったことです」[15]。

41　教会は自らのたまものの確かさを謙虚に示し、真摯な兄弟としての批判ができていると受け止めて、好感をもっている若者がいたとしても、ほかの若者は教会に対し、この世を糾弾し続けるだけでなく、もっと耳を傾けてほしいと望んでいます。彼らは、静かでおとなしい教会を望んでいるのでも、二三の件に執着して始終争っている教会を望んでいるのでもありません。若者にとって信頼に足るものとなるには、謙虚さを取り戻し、教会外の人がいうことの中には、福音の理解を深める助けとなる光があると認め、ただ耳を傾けることも時には必要です。謙虚さを失い、耳を貸さなくなり、疑義が呈されることをよしとしない、守りの姿勢の教会は、若さを失い博物館と化します。そんな態度で若者の望みを受け止めることなどできるでしょうか。たとえ福音の真理を手にしたとしても、それは必ずしも福音を完全に理解したということではありません。むしろその尽きることのない宝の理解を深め続けなければなりません[16]。

42　たとえば、過剰にびくつき構えた教会であれば、どんな論点であれ女性の権利擁護についてはひたすら非難を続け、それらの要求にある危険や起こりうる過誤を指摘してばかりでいるのも無理はないでしょう。対して生き生きとした教会は、いっそうの公正と平等を望む女性の当然の要求に耳を傾けることで、応じることができます。歴史を振り返り、その長い筋書——男性側の行き過ぎた権力主義、支配、さまざまな形態の奴隷状態、男尊女卑に基づく虐待や暴力——を認めることができるのです。こうした見方ができれば、女性の権利のかかる訴えを自らのものとして、男女間のパートナーシップを促進するために信念をもって貢献するはずです。ただし、いくつかのフェミニストグループの提案すべてに同意するわけではありません。こうした考えをもってシノドスは、「性を理由とした、あらゆるたぐいの差別と虐待に対する」[17]教会の責任をあらためて確認しようとしました。これこそ、自らの若さを保ち、そして多感な若者たちからの問題提起と刺激を受け止める教会の態度です。

ナザレの娘、マリア

43　教会の真ん中でマリアは生き生きと輝いています。このかたは、キリストに生き生きと素直に従おうとする若々しい教会にとって、最高の模範です。まだほんの少女だったころに天使のお告げを受けたマリアですが、質問を控えたりはしませんでした（ルカ1・34参照）。ただこのかたには受け止められる心があり、「わたしは主のはしためです」（ルカ1・38）といったのです。

44 「少女マリアの「はい」の力にはいつも心を打たれます。少女が天使にいった「この身になりますように」のあのことばの力です。これは、言いなり、あるいは屈服して受け入れることではありません。「まあいいわ、なるようになるわ」という意味での「はい」とは違うものです。マリアは、「成り行き任せ」という言い回しとは無縁です。覚悟をもって決意したのです。何のことであるかを理解していましたし、迷いなく「はい」といったのです。もっと重要な、もっと別なことです。それは、約束の担い手だと悟ったことだけを確信の基盤として、引き受ける覚悟のある者、危険を顧みず果敢に挑む者、すべてを懸けてみようとする者の「はい」でした。あなたたち一人ひとりにお尋ねします。約束の担い手という自覚がありますか。果たすべきどんな約束が、心にありますか。マリアには間違いなく困難な使命がありました。ですが、困難は「いいえ」と答える理由にはなりませんでした。確かにややこしいことにはなったでしょうが、あらかじめ明確なものも保証されるものも何一つないということで、臆病から身をすくませるときに起こる混乱とは違ったはずです。マリアは生命保険には入りませんでした。マリアは懸けたのです。だからこそマリアは強く、だからこそ彼女はインフルエンサーなのです。神を伝えるインフルエンサーです。「はい」の気持ちと、仕えたいという意欲は、疑いや困難よりもずっと強いのです[18]」。

45　言い逃れや迷妄には屈することなく、「マリアはご自分の息子の痛みに付き従うことができたのです。……見守ることで支え、思うことで守ったのです。御子の苦しみを悲しみながらも、屈することはなかったのです。「はい」という強い女性、支え寄り添い、保護し抱き抱えるかただったのです。偉大なる希望の守り手です。……このかたから、おじけづくことなく新たに始める人の辛抱強さと創意をもって、「はい」ということを学びましょう[19]」。

46　マリアは、喜びに心震わせる、すばらしい魂をもった少女でした（ルカ1・47参照）。聖霊に照らされた目をもち、信じる心で人生を見つめ、すべての出来事を少女らしいその心に納めておられた娘です（ルカ2・19、51参照）。エネルギッシュなかたです。休みなく動き続けるかた、いとこから必要とされていると分かると、自分の予定をあれこれ考えることなく

「急いで」（ルカ1・39）山里に向かったかたです。

47　そして幼いわが子を守らなければならないとなれば、ヨセフとともに遠い土地へと向かいました（マタイ2・13―14参照）。そんなかただから、聖霊を待ち望みつつ、祈り集う弟子たちの間にとどまったのです（使徒言行録1・14参照）。そうしてそのかたの存在をもって、新しい世界を生み出すために外へと出向く使徒職を伴う、若い教会が生まれたのです（使徒言行録2・4―11参照）。

48　今日ではその少女は、子らを見守る母です。わたしたちは、希望の光が消えないよう望みをもち、苦労や困窮のたえない人生を歩み続ける子らです。希望の光が消えないように――これがわたしたちの望むことです。わたしたちの母なるかたは、ご自分が愛しておられるこの旅する民を、若い民を見ていてくださいます。喧騒、おしゃべり、気を引くものが多い道中にあって、この母に、自分たちの心の静寂を求める民です。母の目前には、希望に満ちた静寂ばかりがあります。だからマリアは、わたしたちの若さを新たに照らしてくださるのです。

若き聖人

49　教会の心は、キリストのために生涯をささげた若き聖人たちでもあふれかえっています。彼らの多くは殉教者です。彼らは、わたしたちを突き動かして、ぼんやりした半睡から目覚めさせるために輝く、青年キリストの見事な映しです。シノドスが強調したのは、「多くの若き聖人は、青春時代の面立ちを最高に美しく輝かせ、生きた時代において真の変革の預言者でありました。彼らの模範は、若者がキリストとの出会いに自らを開けば何が可能となるのかを示しています[20]」。

50　「若者の聖性を通して、教会は自らの霊的情熱と使徒的活力を新たにすることができます。たくさんの若者が送ったすばらしい生活によって生み出された聖性の香油が、教会と世界の傷をいやし、ずっと呼ばれてきたあの愛の充満へとわたしたちを連れ戻してくれます。若き聖人は、わたしたちの初めのころの愛（黙示録2・4参照）に立ち戻るよう励ますのです[21]」。大人の生活を知らないまま、青年期の他とは異なった生き方をあかしした聖人たちがいます。

各者各様の聖性を生きた彼らの中から、時代の異なる人をせめて数名挙げて、振り返ってみましょう。

51　三世紀の聖セバスティアノは、近衛隊の若き隊長でした。この人は、仲間を回心させようとあちこちでキリストについて語ることが過ぎて、棄教を迫られたといわれています。それを受け入れなかったために矢の雨を浴びせられましたが、なおも生きて、ひるむことなくひたすらキリストを告げました。そして最後は、死ぬまで鞭《むち》打たれたのでした。

52　アッシジの聖フランシスコは、青春真っただ中の夢いっぱいのころに、わたしと同じように貧しくなりなさい、あなたのあかしによって教会を建て直しなさいというイエスの呼びかけを聞きました。喜んですべてを投げ捨てた人で、万物の兄弟、普遍的兄弟愛の聖人で、主をその被造物ゆえに賛美した人です。一二二六年に亡くなりました。

53　聖ジャンヌ・ダルクは、一四一二年に生まれました。農夫の娘で、まだ若かったものの、フランスを侵略者から守るために戦った人です。見た目と信仰の歩み方とで誤解を受け、それゆえ火刑に処せられました。

54　フーイエンの福者アンデレは、十七世紀に生きたベトナムの青年です。カテキスタで、宣教者を手伝っていました。信仰ゆえに捕らえられ、棄教しなかったので殺されました。「イエス……」といいながら亡くなりました。

55　同じ世紀には、北アメリカの先住民だった青年信徒、聖カテリ・テカクウィタがいます。信仰ゆえに迫害を受け、森林の中を三百キロ以上も徒歩で逃げた人です。神に自身を奉献し、「イエス、愛しています」といっていのちを落としました。

56　聖ドミニコ・サヴィオは、自分の苦しみをすべてマリアにささげました。聖ヨハネ・ボスコから、聖性とはいつも喜んでいることだと教えられ、感染する喜びへと心を開きました。仲間うちでもっとも虐げられている人、病気の人に寄り添おうとしました。一八五七年に十四歳で、「なんとすばらしいものをわたしは見ているのでしょう」といって亡くなりました。

57　幼きイエスの聖テレジアは、一八七三年に生まれました。数々の困難を乗り越えて、十五歳のときに、なんとかカルメル修道女会に入会することができました。主の愛に全幅の信頼を寄せる道を歩み、教会を動かす愛の炎を祈りによってかき立てようとしました。

58　福者セフェリーノ・ナムンクラはアルゼンチンの若者で、原住民の大酋長の息子でした。自分の部族にイエス・キリストを持ち帰りたいという期待を胸に、サレジオ会の神学生となりました。一九〇五年に亡くなりました。

59　福者イシドロ・バカンジャはコンゴの信徒で、自らの信仰をあかしした人です。他の若者たちにキリスト教信仰を勧めていたことで、長時間の拷問を受けました。自分を虐待した人たちをゆるし、一九〇九年に亡くなりました。

60　一九二五年に没した福者ピエール・ジョルジュ・フラサーティは「魅力的な喜びに満ちた若者でした。この喜びは、彼の生涯の多くの困難を圧倒するものでした(22)」。貧しい人を訪れ、彼らを助けることで、聖体で受けたイエスの愛に報いたい、そう語っていました。

61　福者マルセル・カロは、一九四五年に死去したフランス人青年です。オーストリアで強制収容所に収容され、過酷な労働を強いられている囚人仲間に、信仰による慰めを与えました。

62　一九九〇年に亡くなった若き福者キアラ・バダーノは、「苦しみが愛によって造り変えられることを体験しました。……キアラの平安と喜びの鍵は、主への完全な信頼と、自分の病気さえも自分とすべての人のための神のみこころの不思議な表現として受け入れたことです」(23)。

63　彼ら、そしてまた、大抵はひっそりと無名のままに、どこまでも福音を生きた多くの若者が、教会のために執り成してくださいますように。教会が、世界に向けて聖性の新たなあかしをする、明るく、勇敢で、懸命な若者でいっぱいになりますように。

第三章　あなたたちは神の今

64　神のことばに目を通したからには、若者は世界の未来、というだけでは足りません。彼らは世界の今であり、彼らなりの貢献をもって世界を豊かにしています。若者は、もう子どもではありません。若者は、家庭や社会や教会の発展のために大人並みにかかわりながらも、大人とは違った責任をもつ時期にある者です。ですが時代は変わりました。そして、こんな問いが聞こえてきます。現代の若者はどういう者たちだろうか、彼らに今何が起きているのだろうか――。

肯定的に

65　シノドスは、教会の信者が必ずしもイエスの姿勢を取れてきたわけではないことを認めました。徹底して耳を傾ける姿勢を取るどころか、「若者の疑問が彼ららしい斬新さをもって出てくることを許さず、彼らからの挑戦にこたえることもせずに、既存の回答や既成の解決策を与える傾向が支配的になりがちでした[24]」。逆に、教会が四角四面な枠を放棄し、理解する意欲をもち、身を入れて若者に耳を傾けられたなら、そうした共感が教会自身を豊かにします。「それによって若者が自分たちの貢献を共同体にもたらすことができ、共同体が新しい感覚に開かれて、新たな問いに向き合えるよう助けてくれる[25]」からです。

66　今日、大人であるわたしたちは、今どきの若者による目も当てられない事態や乱れを並べ立てそうになります。欠陥や懸念を見つける専門家だとして、わたしたちに拍手喝采《かっさい》を送る人もいます。しかし、そうした姿勢はどんな結果を生むでしょうか。隔たりはいっそう増し、親しみは薄れ、相互の助け合いは減ります。

67　神父や司牧者、青年指導者になるよう召し出されている人の洞察力は、燃え続けるわずかな炎を、折れそうでいて折れてはいない葦《あし》（イザヤ42・3参照）を見いだすところにあります。それは、ほかの人には壁しか見えないところに道を見いだす力、ほかの人には危険でしかないところに可能性を見いだす才覚です。これこそ、若者の心に蒔《ま》かれたよい種をよいものと認め、育てることのできる、御父である神のまなざしです。ですから若者一人ひとりの心は「聖なる大地」であり、神のいのちの種の運搬人だと考えなければなりません。神の神秘に近づき、それを深く究めるためには、その前で「履物を脱ぐ」必要があるのです。

さまざまな若者

68　現代の若者の特徴を説明してみようと思いますが、その前に、シノドス教父による所見を取り上げたいと思います。「シノドスの構成員自体が、世界のさまざまな地域からの参与と貢献を顕在化し、普遍教会であることの美を浮き立たせてくれました。シノドス教父が強調するよう求めたことは、拍車のかかるグローバル化の文脈にあろうとも、背景や文化によって、同一国内においてさえ多くの違いがあるということです。若者の世界は多様化しているため、国によっては「若者」という語を複数形で用いる傾向があるほどです。さらにいえば、本シノドスで考察した年齢帯（十六―二十九歳）は一つの同質集団を表すものではなく、固有の状況を生きる複数集団で構成されているものです[26]」。

69　まず人口統計学の観点からみても、多くの若年層を抱える国がある一方、出生率のかなり低い国もあります。ただ「歴史に由来した別の違いがあります。古くからのキリスト教の伝統をもち、消え去ることのない記憶をその文化が継承する国や大陸と、他の宗教的伝統が刻まれ、キリスト教が少数派であるか、あるいは近年になって割合が増加したような国や大陸とは異なります。また別の地域では、キリスト教共同体とそれに属する若者が、迫害の対象となっています[27]」。さらに、「グローバル化によりますます多くのチャンスに触れる者と、他方、社会の端や僻地のような世界で生きる者、あるいは形態はさまざまでも排除や廃棄の影響に苦しむ者[28]」という、それぞれの若者の違いについても認識しなければなりません。

70　ほかにも、ここで詳しく述べるには複雑すぎる、さらなる違いも存在します。ですからここで、現代世界の若者について、その生き方や彼らに起きていることについて、徹底した分析に時間を割くことがよいとは思えません。ですが現実を見ないわけにはいきませんので、シノドス開催までに寄せられた発言と、期間中に受け取ったものを、簡潔に取り上げておこうと思います。

若者たちに起きていること

71　若者とは、抽象的に分析しうる対象ではありません。事実、「若者」なるものが存在するわけではありません。それぞれの具体的な人生を送る、若い人たちが存在するだけです。進歩し続ける今日の世界では、そこに生きる多くの人が苦痛や欺瞞にさらされています。

危機にある世界の若者

72　シノドス教父は痛みを伴って次のことを明らかにしました。「多くの若者が戦時下にあり、ありとあらゆるかたちの暴力――拉致《らち》、強奪、組織犯罪、人身売買、奴隷化や性的搾取、戦時強姦など――に苦しんでいます。また別の若者たちは、己の信仰ゆえに社会での居場所を見つけることが難しく、時に殺されることさえある、さまざまなかたちでの迫害の犠牲者となっています。選択肢が限定されていたり、あるいはいっさいなかったりすることで、犯罪や暴力――子ども兵士、武装犯罪集団、麻薬密売、テロなど――に手を染めて生きている若者たちが大勢存在しています。こうした暴力が多くの若者のいのちを台なしにしています。虐待や依存は、暴力や犯罪行為と同様に若者が刑務所に入れられる理由の一つで、いくつかの民族や社会集団において発生率の高さが見られます(29)」。

73　多くの若者が特定のイデオロギーに染められ、他者を打ちのめし、恐怖に陥れ、あざけるためにと、特攻隊や突撃部隊として利用され搾取されています。そしてさらにひどいことに、多くの人が個人主義者、敵対者、猜疑心の塊になっています。そうなるとその人は容易に、政治団体あるいは経済勢力が描いた非人間的提案や破壊をもたらす策略の餌食《えじき》となってしまうのです。

74　なお「世界でもっとも多いのが、宗教や民族や経済的な理由から、もろもろの社会的な疎外や排除に苦しむ若者です。妊娠によって生じる思春期や幼い女性の困難な状況や、人工妊娠中絶の横行、同様にＨＩＶの蔓延や、多種多様な依存症（薬物、ギャンブル、ポルノなど）、家も家族も財産もない幼い子どもやストリートチルドレンの境遇のことは、いつも心に留めておきましょう」[30]。殊に女性については、そうした社会的疎外の苦しみや困難は倍増します。

75　年若いわが子らのそうした悲劇を前に涙も流さない教会、そうであってはなりません。涙しない者は母ではないのですから、決してその悲劇に慣れることがありませんように。わたしたちは涙したいと思うのです。社会もまたいっそう母であるように、殺すのではなく生み出すことを身に着けてもらうよう、いのちの希望となるようにです。わたしたちは貧困や暴力によって亡くなった青少年を思い起こし涙を流します。そして、社会が連帯する母となることを覚えるべく求めています。こうした痛みが消え去ることはありません。現実を覆い隠すことなどできないのですから、その痛みはわたしたちのもとにあり続けるのです。わたしたちがやりかねない最悪なことは、別のニュースや、ほかの娯楽や、月並みな話で若者を麻痺させる、世俗の精神性のやり方を用いることです。

76　おそらく「ある程度困らない生活を送る人たちは、涙を流すとはどんなことかが分かりません。人生には、涙で洗われた瞳でなければ見えない現実があります。一人ひとりが振り返ってみてください。涙が流せていただろうか。空腹の子、路上で麻薬を打つ子、家のない子、捨てられた子、虐待された子、社会から奴隷のように酷使される子、彼らを見て泣いただろうか。それともわたしの頬を伝うのは、さらにほしがって泣く者の身勝手な涙だろうか」(31)。あなたよりもひどい境遇にある若者のために、涙を流すことを覚えてください。思いやりや優しさは、涙によっても表現されるのです。涙が出ないというならば、他者の苦しみに涙できる恵みを主に祈りなさい。涙が流れるならば、あなたは相手のために、心から、何かをすることができるはずです。

77　ある若者たちの苦しみは、時としてすさまじいものです。ことばにできないほどの苦しみで、わたしたちの胸を引き裂くほどの苦しみです。そうした若者は神にしか伝えることができません。苦しみがどれほど深いのか、生き続けることが辛すぎる、信じられる人などいない、そうしたつらさをです。それでもその苦痛の叫びの中に、イエスのことばが聞かれるのです。「悲しむ人々は、幸いである、その人たちは慰められる」（マタイ5・4）。この神の約束が届けられたことで、人生を切り開くことのできた若者たちがいます。態度、抱擁、具体的援助によって、このことばを響かせるはずのキリスト教共同体には、苦しむ若者につねに寄り添う存在であってほしいのです。

78　権力者が多少の支援をしてくれるのは事実ですが、それは大抵高くつきます。多くの貧困国に対する富裕国や国際機関からの経済支援には大概、セクシャリティ、結婚、生活様式、社会正義に関する西欧的条件の受容が結びついています。こうしたイデオロギーによる植民地化は、とくに若者にとって有害です。また一方では、特定の広告が不足感の常態化を刷り込み、廃棄の文化を後押しします。若者自体が廃棄材へと変えられてしまう文化です。

79　当世の文化は、若さのイメージに直結する人物をモデルとして示します。加齢の跡を消す施術をして若く見える人物を美しいと感じます。販売促進のための広告には、いつだって若者の姿が使われます。美しいモデルとは若いモデルのことです。ですが、気をつけねばなりません。それは、若者をたたえているわけではないのです。大人が自分たちのために若者から搾取しようとしているのであって、若者を大切にし、愛し、気遣っているのではありません。

80　一部の若者は「家の伝統を締めつけと感じ、彼らを判断基準のないまま放置するようなグローバル文化に後押しされて伝統を避けます。また世界の別の地域では、逆に、若者と大人との正当な世代間対立がないばかりか、疎隔が生じています。往々にして大人は、人生における根本的価値を伝達する意欲がないか、あったとしても実際に伝達をしないでいたり、あるいは若者のスタイルを取り入れて世代の関係性を逆転させたりしています。そうなると、若者と大人の関係が、教育や文化の次元に触れぬまま、感情の側面にとどまってしまうおそれが生じるのです[32]」。気づかずにいる人もいるでしょうが、どれだけこれが若者にとって害となっていることでしょう。若者たち自らが、「言論の自由がない国や、教会へのかかわりが妨げられている国では[33]」、そのことが信仰の伝達をきわめて困難にしていることを指摘してくれました。

欲望、傷、あこがれ

81　身体と性行為は、人生にとって、また己のアイデンティティの確立において、本質的なものであることを若者は認識しています。しかしながら、性的な行為を過剰に強調する世界では、自分の身体との良好な関係を保ち、感情にかかわる交際を穏やかに続けることが困難です。このことや他の理由から、性道徳はしばしば、「裁きと断罪の場とみなされた教会を、理解できない、近づきにくいものと考える原因」となります。その一方で若者は、「男性のアイデンティティと女性のアイデンティティの相違、男女の相互補完性、同性愛、これらに関する話題を議論したいという明確な希望[34]」を表明しています。

82　現代は、「バイオメディカルサイエンスとその応用技術の発展が、身体概念に多大な影響を及ぼし、身体は際限なく変更可能だという考えまで引き起こしています。DNAの操作技術、体内への人工物挿入技術（サイボーグ）、神経科学の発展は、優れた手段を生み出すものの、同時に人類学的・倫理的な問題を提起します[35]」。それらは、いのちが贈り物であること、わたしたちは造られたものであり、限りある存在であることを忘れさせ、テクノロジーの力を保持した者によって簡単に搾取されることになるのです[36]。「さらに、若者の間では、自己の探求、激しい興奮の追求、承認欲求を満たす手段として、危険な行動への強い興味が広がっています。……次世代がさらされているこうした現象は、穏やかな成熟を妨げる要因となります[37]」。

83　青年時代には、魂に刻み込まれるような、痛手も、失敗も、悲しい思い出もあります。大抵「それらは、人生での敗北、挫折、受けた差別、不公平な仕打ち、愛されたり認めてもらったりしてもらえなかった、そうした傷です」。「ほかにも、道徳的な傷、過ちに対する呵《か》責《しゃく》の念、間違いを犯したことへの罪悪感というものもあります[38]」。イエスは、若者のこうしたいくつもの十字架のただ中に、ご自分の友情を、慰めを、いやしの寄り添いを彼らに差し出すために現存しておられます。だから教会は、内的な回復と心の平安のためのその歩みにおいて、イエスの道具となりたいのです。

84　ある若者たちには、神への探求心——啓示された神の輪郭をそのままに把握したいというものではないにしても——があることが見て取れます。他の若者には、兄弟愛への、決して弱いものではないあこがれがあるのが分かります。世界に何らかの貢献をなすため、自分の才能を伸ばしたいという確かな願いが多くの若者にあるようです。ある人には、特別な芸術的感性が、また、自然界との調和への希求が見られます。別の人たちには、コミュニケーションに対する強い意欲があるようです。そうした人たちの多くが、違った生き方への強い望みを抱いているように思います。これらが真の出発点であり、刺激、光、励ましとなることばに開かれて待つ、内なる力なのです。

85　シノドスはとくに、三つの最重要事項を扱いました。詳細な分析の継続と、より適切かつ有益な返答の可能性の拡大がなお求められているとはいえ、まずはそこでの結論をそのまま記したいと思います。

ネット社会

86　「ネット社会は、現代世界の特徴です。人類の大部分が、日常的に継続的に、その中に浸っています。もはや、単にコミュニケーションツールを「利用する」ことにはとどまらず、広範にインターネット化された文化を生きるというところにまで来ています。この文化が大きく影響しているのが、時空の概念、自己・他者・世界についての認識、そして、コミュニケーションの方法、学習法、情報収集手段、他者との関係の取り方です。読む、聞くに対し、つねに視覚イメージの比重が高い現実に近づくことで、学習法や批判精神の育成に影響が出ています(39)」。

87　インターネットとSNS（ソーシャルネットワーキングサービス）は、情報伝達や交流に新たな方法を生み出しました。「そこは、若者が多くの時間を費やす場、簡単に出会える広場です。ただ、だれもが等しく利用できるわけではなく、世界には利用できない地域もあります。いずれにせよそうした場は、情報や知識の収集にとどまらず、本来的なものではないとはいえ、人々が対話し、出会い、交流するための機会を生み出しています。さらにいえば、ネット社会は、社会・政治への関与や積極的社会参加の背景となっていますし、弱者の権利の侵害を明らかにすることで、その保護が有効に機能する独立した情報を流すことに貢献しています。多くの国で、インターネットとSNSは、若者のもとへ行き彼らを巻き込むために、司牧の計画や活動においても、すでに欠かせない場となっています(40)」。

88　ただし、この現象をその全体において理解するためには、人間のあらゆる現実同様に、限界や欠点による妨げがあることも認識しておかなければなりません。コミュニケーションをただのバーチャルなやり取りと混同するのは、賢明とはいえません。事実「ネット社会は、孤独、改竄《かいざん》、搾取、暴力の空間でもあり、闇サイトという極端な例まであります。デジタルメディアは、依存、孤立化、具体的な現実との接触の漸進的喪失といった危険に人をさらしかねず、真の対人関係の発達には妨げとなります。ネットいじめのような新しい形態の暴力が、SNSを通じて広がっています。インターネットは、ポルノの拡散や、わいせつ目的やギャンブルによる人間の搾取、その手段にもなっています[41]」。

89　忘れてはならないのは、「インターネットの世界では、巨大な経済利益集団が、侵略すべく巧妙に計算された支配形式を手にした状態で介入しており、分別や民主的プロセスを操作するからくりを生み出しているということです。多くのプラットフォームにある機能は、結果として、同じような考えをもつ者どうしの出会いを助長し、異種なるものとの対面を妨げることになりがちです。こうした閉鎖的集まりは、嘘の情報やニュースを流すことを助長し、偏見や憎悪をかき立てていくのです。フェイクニュースの増殖は、真実を解する感覚を失って事実を個人的関心に寄せていく文化の表れです。人物の評価が、ネット上で簡略に判定される危険にさらされています。この現象は、教会やその司牧者にとっても無関係ではありません[42]」。

90　シノドスの会期前に、世界中の三百人余りの若者が準備した文書は指摘しています。「ネット上のつながりでは、人間らしさが奪われることがあります。インターネット空間では、相手の傷つきやすい部分が見えなくなり、自省が阻害されます。ポルノなどの問題は、人間の性についての若者の認識をゆがめてしまいます。このようなかたちで用いられるテクノロジーは、人間の尊厳をないがしろにした、見掛けだましのパラレルワールドを創造します[43]」。バーチャルな世界に没入することで、一種の「ネット社会への移住」、つまり家族や、文化的・宗教的価値観から距離を置くようになります。そうなると多くの人が、孤独な、自分だけの作り事の世界へ行ってしまい、肉体は変わらず同じ場所にとどまっていながら、根無し草となってしまうのです。かつてないような、個性の追求と主張に駆られる若者たちであふれる暮らしが今、新たな挑戦に直面しています。リアルワールドとバーチャルワールドの双方に関与するということです。未踏の大陸に向かうかのように、そこに独力で分け入るのです。現代の若者は、個人的なもの、各文化に固有なもの、グローバルなもの、そうしたものでなるこの総合世界を手にする第一世代です。ともかく、このことから求められているのは、彼らが、バーチャルな関係から正しく健全なコミュニケーションへと移行することです。

現代の縮図である移住

91　非常に多くの若者が移住によって影響を受けていることを、考えずにはいられません。移住という事象は、「一時的な非常事態ではなく、世界規模の構造的現象です。移住は同一国内でも、国と国の間でも起きうるものです。なかでも、教会が案じているのは、戦争、暴力、政治的迫害、宗教的迫害、気候変動を理由とするものを含めた自然災害、極度の貧困、それらから逃れてくる人々のことです。その多くが若者です。そのほとんどが、自分と家族のためのチャンスを求めています。彼らはもっとまともな未来を夢見て、それをかなえるための条件を生み出そうとしています[44]」。移住者は「信仰の本来的身分を思い出させてくれます。すなわち、「地上ではよそ者であり、仮住まいの者」（ヘブライ11・13）であることです[45]」。

92　また別の移住者は、「西洋文化に魅了された人々で、あまり現実的ではない期待を抱きがちで、結果として落胆することになります。冷酷な密入国斡旋《あっせん》業者の多くは麻薬や武器の密売組織とつながっており、弱い立場の移住者から搾取しています。彼らは移動の途次で、暴力、人身売買、精神的虐待、身体的虐待、言語に絶する苦しみを、あまりに多く体験するのです。指摘したいのは、付き添う者のいない未成年移住者が格別弱い立場にあること、難民キャンプで何年も過ごさなければならない人や、経由国で長期にわたって足止めされたままの人たちの、勉強を続けることも才能を伸ばすこともできずにいる状況のことです。一部の目的国では、移住の事象が警戒心と恐怖心を引き起こし、政治的意図からそれがあおられ、利用されています。そうなると、内向きで自陣に退却する人々のもつ、外国人嫌悪のメンタリティが拡散するのです。それには、断固たる態度で対処しなければなりません(46)」。

93「移住する若者は、自分がもって生まれたバックグラウンドから切り離され、大抵は文化的・宗教的な根を失った状態で生きなければなりません。この分断はまた、もっとも活発で果敢な成員を失う郷里の地域社会にも、家族、とりわけ片親か両親が故国にわが子を残して国外に出稼ぎに行く場合の家族にもかかわっています。教会には、このように離れている家族のいる若者たちにとってのよりどころとなる重要な役割があります。ですが移住者の歩みはまた、人や文化との出会いの物語でもあります。その到着する地域コミュニティや社会にとって移住者は、すべての人にとっての、いっそうの繁栄と全人的発展の機会となります。教会がかかわる移住者受け入れの取り組みには、その観点からも重要な役割があり、受け入れることのできる共同体に新たな活力を与えるはずです(47)」。

94　「(シノドス) 教父の出身地がさまざまであるおかげで、本シノドスは移住問題に関し、とくに、移住者の出身国と受け入れ国との間において、多くの展望を見ました。戦争や迫害から逃げざるをえない成員を抱える教会からの必死の叫びと、また、そうしたやむをえない移住によって移住者自身の生存が脅かされると考える懸念の声が上がりました。まさしく、教会内のそうした見解をすべてそのまま包含することこそが、教会が、社会の中で、移住問題について預言的役割を果たす資格を備えることになるのです(48)」。若者の皆さんにとくにお願いします。自分たちの国に来た他国の若者に対抗して、彼らを危険な存在、あたかも彼らには万人が有するあの不可侵の尊厳がないかのように見させようとする者たちの、策略に陥ってはなりません。

あらゆるたぐいの虐待に終止符を

95　このところわたしたちに強く求められているのは、一部の司教、司祭、修道者、信徒によって行われてきた、さまざまな種類の虐待の犠牲者の声に耳を傾けることでした。数々のそうした罪はその被害者に「一生続くだろう苦しみ、そしてどんな悔悛もいやしにはならない苦しみ」を引き起こしています。「この事態は広く社会に伝えられ、教会にも動揺を与え、福音宣教にも深刻な妨げとなっています(49)」。

96　「未成年者への性虐待の惨劇は、悲しいことに、歴史的にあらゆる文化や社会に蔓延していた事態」で、とくに家族間や、さまざまな施設で起きていたことは事実です。その規模が明らかになったのは、何よりも「世論の感覚の変化によるもの」です。しかし「この世界規模の惨劇は、わたしたちの社会においてはその深刻さが確認されていながらも、教会内部にいるその怪物の力を削《そ》ぐことができずにいて」、「裏切られ平手打ちを食らった神の怒りが、人々の正当な怒りの中に投影されていることに教会は気がついています(50)」。

97「シノドスは、責任ある役割や教育に携わる者の選定と養成に始まる、再発防止のための妥協のない予防策を採択するという確たる約束をあらためて表明しています」[51]。同時に、「同じく不可欠であった行動と制裁」[52]を実施する決定をもはや避けることはありません。しかもそのすべてを、キリストの恵みゆえに行うのです。もはや引き返しはしません。

98「権力の濫用、経済的虐待、モラルハラスメント、性的虐待など、さまざまな型の虐待があります。当然、それらに結びつく権力行使の諸形態を根絶して、多くの事件を扱ううえでの責任の不在と透明性の欠如を防止する取り組みが必要です。支配欲、対話と透明性の欠如、裏表のある生活形態、霊性の欠落、精神的脆弱《ぜいじゃく》性などは、腐敗が進む土壌です」[53]。聖職者中心主義《クレリカリズム》は、「奉仕職を、無償で寛大に差し出す奉仕ではなく、行使できる権力として与えられたもの」だと解する司祭がつねに陥る誘惑です。「これがわたしたちを、自分はすべての回答を知る、これ以上聞くことも学ぶ必要もない一団に属していると思い込ませるのです」[54]。聖職者中心主義は、叙階された者を、各人のそしてその自由意志の、神聖で譲渡できない価値に払うべき敬意を忘れさせる危険にさらしていることは明白です。

99　シノドス教父に並びわたしも愛と感謝を込めて、「被害を明らかにされた勇気あるかたがた、つまり、起きた出来事と決然とそれに応じる必要性とを教会に気づかせてくださったかたがたに対して謝意(55)を表したいと思います。ほかにもなお特別な感謝に値するのは、「誠実に献身的に日々若者の世話にかかわっておられる、あまたの信徒、司祭、奉献生活者、司教らの誠意を尽くした取り組みです。彼らの働きは、音もなく成長する大きな森のようです。シノドスに参加した若者の多くも、同伴したかたがたに感謝し、手本となる人物の必要性の高さを強調していました(56)」。

100　幸いにも、このおぞましい犯罪に手を染めた司祭は多数派ではありません。むしろ大半の司祭は、忠実で寛大な奉仕職を続けています。若者には、その多数側から刺激を受けていただきたいと思います。その奉仕職にある喜びを失ったり、感情的な見返りを求めたり道を踏み外したりして、危機に立つ司祭を見たならば、神とその民への責任をその司祭に思い出させる勇気をもってください。あなたが司祭に福音を告げ、正しい道にとどまるよう励ますのです。そうすればそれは、根本的な部分に対するはかりしれないほど大きな助けをなすこととなるでしょう。すなわち、あの残虐な犯罪の再発を防止することに対してです。この黒雲はさらに、イエス・キリストとその教会を愛する若者にとっても挑戦になります。新たにし、回復し、言行一致と裏づけを強く要求し、再び夢見てまた創造する——、そうした若者の力を発揮したならば、若者はこの傷の治癒に対して多大な貢献をすることになるからです。

101　これが、教会の成員が犯した罪のすべてではありません。教会の歴史にはたくさんの影があります。わたしたちの罪は白日の下にさらされています。それらは、わたしたちの母にして師なる教会の数千年の顔に刻まれた皺《しわ》に容赦なく現れています。「人々の喜びと希望、苦悩と不安」(57)を分かち合いながら、二千年間歩み続けてきたからです。そしていかなる美容整形手術の世話になることもなく、ありのままの顔で歩んでいるのです。教会は、一部に隠そうとする者がいるとしても、汚れをぬぐい落としてきれいにしてくれる福音のことばの燃える光を前に、自らの成員による罪がさらけ出されるのを恐れません。恥ながら日々、「神よ、わたしをあわれんでください、御いつくしみをもって。……わたしの罪はつねにわたしの前に置かれています」(詩編51・3、5)と繰り返すのをやめません。ですから母なる教会が傷を負ったならば見捨てたりはせず、むしろ、つねに新たに始めるその力と腕を振るえるように寄り添うことを、心に刻んでください。

102　わたしたちの魂を等しく傷つけたこの悲劇の最中にあって、「ご自分の教会を決しておお見捨てにならない主イエスは、新たな道のための力と方策を差し出しておられます[58]」。ですからこの暗い時はきっと、「若者からの貴重な支援を得て、画期的な改革の絶好の機会となるはずです[59]」。新たな聖霊降臨へと開かれ、教会に若さを取り戻させる清めと変革の段階に入るための改革です。若者は、自分を「聖霊に支えられ活気づけられた、神の聖にして辛抱強い忠実な民」の一員だと心から思えたならば、何倍もの力を貸してくれるでしょう。「この忌まわしいものすべての温床となっている、行き過ぎた聖職者中心主義からわたしたちを解放してくれるはずなのは、まさしくこの神の聖なる民[60]」だからです。

出口はある

103　本章では入念に、現代世界における若者の現実を見てきました。他のいくつかについては、以降の章で触れることになるでしょう。先に申し上げたとおり、この分析ですべてを網羅しようとは思っていません。共同体が最適な司牧の行程を識別するためには、ぜひとも、もっとも身近にいる若者の現実の分析を、敬意をもって真剣に行うよう勧めます。ですが皆さんお一人おひとりに対しいくつかのメッセージをお伝えすることなく、この章を閉じたくはありません。

104　復活の朝にわたしたちに与えられたうれしい知らせを、あなたに思い出していただきたいのです。わたしたちが話してきた闇と苦痛だけの状況には、抜け出す道があるということです。たとえばネット社会には、自己閉鎖や、孤立や、むなしい快楽という危険に、あなたをさらす可能性があることは事実です。しかし、そうした世界にも、創造的で時に天才的な若者がいる、そのことを忘れないでください。若き尊者、カルロ・アクティスがそうです。

105　彼は通信、広告、ＳＮＳの構造が、わたしたちを愚鈍な者、購入させるべく消費や新製品に依存する者、余暇で頭がいっぱいな者、否定に固執する者にするために用いられていることを熟知していました。それでもその新しい通信技術を、福音を伝達し、価値あるものと美とを伝えるために利用するすべも心得ていたのです。

106　カルロ・アクティスは罠《わな》にはかかりませんでした。彼は、多くの若者が一見それぞれ違うように見えても、実際には、消費と目くらましのからくりで彼らに強引に押しつけられているものを追いかけて、だれもが同じになってしまっていることに気づいていました。そうなると彼らは、主が与えてくださった才能を咲かせようとはせず、神がそれぞれの人に蒔《ま》かれた一人ひとりまったく違うその能力を、この世界に差し出すことをしないのです。ですからカルロは、「人は皆オリジナルとして生まれたのに、多くの人はコピーとして死んでいる」現象が起きているといったのです。あなたには、それが起きてはなりません。

107　あなたは希望と喜びを盗まれてはなりません。利益を上げるためにあなたを奴隷として利用しようとたくらむ彼らに、麻酔をかけられてはなりません。思い切って、もっとあなた自身になってみなさい。あなたであるということが、何よりも肝心なことだからです。持ち物や見た目は問題でありません。より大きなものになるよう呼ばれていると気づいたならば、あなたをお造りになったかた、神が知っておられるあなたになれるはずです。聖霊に寄りすがり、信頼をもって、聖性という大きな目的に向かって歩きなさい。そうすればあなたはコピーになることなく、完全なるあなた自身となるはずです。

108　そのためには知っておかなければならない、基本的なことがあります。若さは、束《つか》の間の楽しみやうわべだけの成功を求めることばかりではないということです。あなたの人生の旅路において若さがその目的を果たすには、惜しみない献身、心からの贈呈、自己犠牲――このどれも、苦労は多くても豊かな実りをもたらすものです――の時でなければならないのです。偉大な詩人が語るとおりです。

「回復したものを回復するために
失ったものは失う必要があったのです
獲得したものを獲得するために
耐えたものは耐える必要があったのです

今恋するために
傷を負うことも必要でした

苦しんでよかった
涙を流してよかった
万事が済み、分かったからです
苦しみを経なければ
楽しみを心から楽しめなかっただろうと
万事が済み、理解したのです
木が花をつけるのは
地中の部分があるからです(61)」

109　年が若いのに、弱気になって疲れて気落ちしているのなら、新たにしてほしいとイエスに頼みなさい。イエスにあって、希望がくじかれることはありません。悪徳に、悪癖に、利己心に、不健全な安楽に浸っている気がするなら、同じくイエスに願いなさい。いのちに満ちたイエスはあなたを助けたがっておられます。若さにはそれだけの価値があるからです。

ですから、あなただけができる貢献を、この世界から取り上げないでください。それは、あなたらしい独自の、かけがえのないものなのですから。

110　もう一度、思い出していただきたいと思います。「人とのかかわりを断った中で、己の欲望や、悪魔や利己的な世の罠《わな》や誘惑と闘うのはとても難しいことです。誘惑は激しい砲撃であり、あまりに人との交わりが欠けてしまうと、すぐに現実感覚や精神の明晰《めいせき》さを失って、わたしたちは負けてしまいます(62)」。これは、とくに若者についていえることです。あなたたちは一致団結すれば、驚くほどの力をもつからです。共同体での生活に心躍るのであれば、あなたはだれかのために、共同体のために、大きな犠牲を払うことができます。逆に孤独は、あなたたちを弱らせ、現代の最低の諸悪にさらすのです。

第四章　すべての若者への、すばらしいメッセージ

111　いかにしても、すべての若者に、今もっとも重要なこと、第一のことを、口にせずにはいられないことを、お伝えしたいと思います。だれもが、いつでも、頻繁に、耳に入れておくべき、三大真理を含むメッセージです。

愛である神

112　まず皆さんに伝えたい一つ目の真理は、「神はあなたを愛しておられる」ということで

す。すでに聞かされていて知っていてもかまいません。覚えておいていただきたいのです。神はあなたが大好きなのです。人生に何があろうとも、決してこれを疑ってはいけません。いかなる状況にあっても、あなたはどこまでも愛されているのです。

113　あなたの父親体験は、必ずしも最善のものではなかったかもしれません。この世でのあなたの父親は、離れていたり不在がちであったり、または逆に支配的で横暴だったかもしれません。あるいは単に、あなたが望むような父親ではなかったかもしれません。わたしには分かりません。ですがわたしが確信をもってあなたにいえるのは、あなたの天の父、あなたにいのちを与えてくださる神、いついかなるときもそれを与えておられる神の腕の中へ、あなたは全幅の信頼をもって飛び込んでいい、ということです。そのかたはあなたをがっちりと支えてくださり、そのときあなたは、自分の自由がとことん大切にされていると感じるでしょう。

114　神のことばには、神の愛の表現が数多くあります。まるで、あなたの心に触れるのはどのことばであるかを確かめようとして、神がさまざまな表現を探しているかのようです。たとえば、わが子と遊ぶ優しい父親のようにそれが示されることもあります。「わたしは人間の綱、愛のきずなで彼らを導き、彼らの顎《あご》から軛《くびき》を取り去り、身をかがめて食べさせた」（ホセア11・4）。

忘れることも見捨てることもできない、からだの底からあふれる愛でわが子を深く愛する、愛情豊かな母親のようにご自分を示されることもあります。「女が自分の乳飲み子を忘れるであろうか。母親が自分の産んだ子をあわれまないであろうか。たとえ、女たちが忘れようとも、わたしがあなたを忘れることは決してない」（イザヤ49・15）。

さらには、愛する人の顔をいつも鮮やかに思い浮かべられるようにと、手のひらに入れ墨を施すほど恋をしている者としても、ご自分を描いておられます。「見よ、わたしはあなたを、わたしの手のひらに刻みつける」（イザヤ49・16）。

また別のときには、押さえ込まれることはない、ご自分の愛の力と堅固さを力説なさいます。「山が移り、丘が揺らぐこともあろう。しかし、わたしのいつくしみはあなたから移らず、わたしの結ぶ平和の契約が揺らぐことはない」（イザヤ54・10）。

また、わたしたちがこの世界に生まれ出たのは偶然ではないのだから、わたしたちはずっとずっと前から望まれていた存在なのだと伝えておられます。わたしたちは存在する前から、神の愛の計画の一つだったのです。「わたしは、とこしえの愛をもってあなたを愛し、変わることなくいつくしみを注ぐ」（エレミヤ31・3）。

また、神のほかだれも気づくことのできないわたしたちのすばらしさが神には見えておられるということを、わたしたちに気づかせてくださいます。「わたしの目にあなたは価《あたい》高く、貴く、わたしはあなたを愛する」（イザヤ43・4）。

また、ご自分の愛は重苦しいものではなく、ただただ喜びであることに気づかせてくださいます。神に愛されて新たにされる喜びです。「お前の主なる神はお前のただ中におられ、勇士であって勝利を与えられる。主はお前のゆえに喜び楽しみ、愛によってお前を新たにし、お前のゆえに喜びの歌をもって楽しまれる」（ゼファニヤ3・17）。

115　神にとってあなたは本当に大切で、取るに足らないことなどなく、あのかたにとっては大事な存在なのです。あなたは、あのかたがその手でこしらえたものだからです。だからこそあなたを気にかけておられ、大事に思って心に留めておられるのです。「神の記憶」を信頼してください。「神の記憶は、わたしたちの全データを記録し保管する「ハードディスクドライブ」ではありません。神の記憶は優しいあわれみに満ちた心です。その心は、わたしたちの中の悪の痕跡を完全消去することに喜びを見いだします」(63)。あのかたは、あなたの過ちを記録したいのではありません。どうあったとしても、失敗からも何かを学べるよう、あなたを助けてくださるはずです。あなたを愛しているからです。静かな時をもち、神から愛されるがままになってみてください。内から出ることばやうめきを静めて、愛のみ腕に包まれてみてください。

116　このかたは愛です。それは「くじかせることのないものです。このかたは、阻害しない、黙らせたりしない愛です。辱めることも威張り散らすこともしない愛です。それが主の愛、日ごとの、控え目で、丁寧な愛、自由な愛であり自由ゆえの愛、いやして元気づけてくださる愛です。転倒よりも再び起き上がることのほうを見てくださる、禁じることよりも和解を望む、罪に定めるよりも新たなチャンスを与えようとなさる、過去よりも未来をご覧になる、主の愛です」(64)。

117　あなたに何かを求めておられるときや、人生があなたに与える試練をそのままにしておかれるとき、あのかたがあなたに望んでいるのは、ご自分のために場を用意することです。

それはあなたを前へと押し出すため、励ますため、成熟させるためです。あなたが疑問をぶつけてきても、気を悪くなさったりしません。心配しておられるのは、あなたがご自分に話さないことであり、率直にご自分と語らうために心を開かないことです。聖書は、ヤコブが神と格闘したこと（創世記32・25―31参照）、だからといってヤコブは主の道から離れはしなかったことを伝えています。事実、「論じ合おうではないか」（イザヤ1・18）とわたしたちを誘うのは、まさに主ご自身です。その愛は本物で、真実で、具体的なので、正直で豊かな対話に満ちた関係をもたらしてくださるのです。ですから、地上に対し勇敢なあかしとなる優しい顔をした、あなたの天の父の抱擁を求めてください。

キリストはあなたを救う

118　二つ目の真理は、キリストは愛ゆえに、あなたを救うためにご自分を与え尽くしたということです。十字架上で広げた腕は、際《きわ》にまで手を伸ばすことのできる、もっとも尊い友のしるしです。「世にいる弟子たちを愛して、このうえなく愛し抜かれた」（ヨハネ13・1）。

聖パウロは、ご自分のすべてをお与えになるその愛に信頼することで自分は生きてこられたと語りました。「わたしが今、……生きているのは、わたしを愛し、わたしのために身を献げられた神の子に対する信仰によるものです」（ガラテヤ2・20）。

119　十字架上でわたしたちを罪から解放してくださったキリストは、今日もなお、完全にご自分を与え尽くす変わらぬ力をもって、わたしたちを救い続け、あがない続けておられます。十字架を見つめ、イエスにすがることで、救っていただきなさい。「イエスの差し出す救いを受け入れる者は、罪と悲しみ、内面的なむなしさと孤独から解放される(65)」からです。だから、あなたが過ちを犯して離れたとしても、このかたは十字架の力をもって、もう一度あなたを抱き起こしてくださいます。決して忘れないでください。「イエスは……七の七十倍もわたしたちをゆるします。そして、わたしたちを何度もご自分の肩に負うのです。このような揺るがない無限の愛がわたしたちにもたらす尊厳を、だれも奪うことはできません。イエスのおかげで、わたしたちは顔を上げ新たな出発ができるのです。イエスの優しさはわたしたちを決して失望させることなく、いつも喜びを取り戻させてくれます(66)」。

120　わたしたちは「イエスによって救われています。それは、イエスがわたしたちを愛しておられるからで、そうせずにはいられないからです。わたしたちはありとあらゆることをしでかしてしまうのですが、それでもこのかたはわたしたちを愛し、救ってくださいます。愛されるだけで救われるからです。すがるだけで、変えていただけるのです。主の愛は、わたしたちがどんな反抗をしようと、どれだけ弱かろうと、どんなにさもしかろうと、それらをはるかにしのぐものです。ですがまさにわたしたちの反抗、弱さ、さもしさを通して、この愛の物語を紡ごうとしておられるのです。放蕩息子を抱きしめ、ご自分を否定した後のペトロを抱きしめ、つまずいたわたしたちを、いつも、いつも、いつでも、抱きしめておられます。そして起き上がらせ、立ち直らせてくださいます。本当のつまずきというのは――いいですか、よく聞いてください――、本当のつまずきというのは、いのちを台なしにしうるもので、それは、地べたに張りついたまま、助けてもらおうとせずにいることなのです[67]」。

121　このかたのゆるしと救いは、わたしたちが買い求めるものでもないですし、行いや努力に対する見返りとして得るものでもありません。このかたはいっさい対価を求めずに、わたしたちをゆるし、解放してくださいます。十字架に身をささげられたことはあまりにも大きすぎて、わたしたちはその付けを払うことなどできませんし、そうする必要もないのです。

わたしたちはただ、深い感謝と喜びをもって、それを受け入れさえすればいいのです。わたしたちが気づくよりもずっとずっと前から、深く、深く、愛されていることへの感謝と喜びです。「神がまずわたしたちを愛してくださった」（一ヨハネ4・19）。

122　主に愛される若者の皆さん。キリストの尊い血にあがなわれたのですから、あなたたちはどれほど尊い存在でしょうか。愛する若者の皆さん、あなたたちは「プライスレスです。売りに出されるようなしろものとは違うのです。お願いです。自分を買い取らせてはなりません。丸め込まれてはなりません。イデオロギー的植民地化の奴隷にされてはなりません。それはあなたたちの頭に考え方を植えつけるもので、最後には奴隷に、依存者に、人生の落伍者にしてしまいます。あなたたちにはお金では買えない価値があります。いつも口にしてください。――わたしは売りに出されるものではない、わたしはお金では買えない価値のあるもの。わたしはプライスレス、対価とは無縁のもの！　わたしは自由、自由です！　イエスがもたらした、この自由にほれ込んでください(68)」。

123　十字架につけられたキリストの広げた腕を見つめなさい。幾度も幾度も繰り返し救っていただきなさい。そして自分の過ちを告白しようとするときは、罪の憂いから解き放ってくださるキリストのあわれみを、固く信じてください。深い思いがこもった流れるその血をじっと見つめ、その血で清めていただきなさい。そうすればあなたは、つねに新たにされるでしょう。

このかたは生きている

124 先に挙げたものとは切り離せない、三つ目の真理があります。このかたは生きている――。これは、たびたび思い浮かべなければならないことです。わたしたちにはイエス・キリストを、昔いた見習うべき人物として、過去の記念として、二千年前にわたしたちを救ったかたとして、ただそれだけの存在にしてしまう危険があるからです。そうしたことは、何の役にも立ちません。わたしたちは変えられないまま、解放されることもありません。ご自分のもたらす恵みでわたしたちを満たしてくださるかた、わたしたちを解放してくださるかた、変えてくださるかた、いやし慰めてくださるかた、そのかたは生きているのです。そのかたこそ、復活し、人知を超えた活力に満ち、無限の光をまとっておられる、キリストなのです。だから聖パウロはこういいました。「キリストが復活しなかったのなら、あなたがたの信仰はむなしい」（一コリント15・17）。

125　生きているのであれば、このかたはあなたの生活の中に現に存在し、今この瞬間もそこを光で満たしてくださるはずです。もしそうであるなら、孤独や捨ておかれることはもう決してないはずです。だれもが去ってしまったとしても、約束どおりこのかたは、とどまっておられます。「わたしは世の終わりまで、いつもあなたがたとともにいる」（マタイ28・20）。目には見えずともその存在をもってすべてを満たしてくださり、あなたがどこに行こうともあなたを待ち続けておられるのです。すでに来られただけでなく、今も来ておられ、これからも毎日来続けてくださるからです。いつも新たな地平に向かって歩むよう、あなたを招いているのです。

126　喜びにあふれた、幸せなイエスを黙想してください。勝利を収めた友であるかたとともに喜びなさい。あの者たちは聖なるかた、義であるかた、罪のないかたを殺しましたが、このかたは勝利されたのです。悪には最終決定権はありません。あなたの人生においても、悪に最終決定権はないでしょう。あなたを愛する友が、あなたにおいての勝利を望んでおられるからです。あなたの救い主は生きておられるのです。

127　このかたが生きておられるのであれば、確実に、わたしたちの生活の中に恵みはしっかり届き、わたしたちの苦労も何かに対して寄与するはずです。ですから愚痴るのはやめて、前を向きましょう。主とともにあれば、いつも前を向いていられるのですから。これが、わたしたちの加入する保険です。イエスは永遠に生きているかたです。イエスにすがっていれば、わたしたちは生きて、人生の途上に潜む死や暴力のたぐいのすべてを乗り越えていけるはずです。

128　このほかの解決法はどれも、弱く、一時しのぎにすぎません。ひとしきりの効果はあるかもしれませんが、その後はまた効力が薄れ、わたしたちは放置され、風雨にさらされるのです。他方、このかたがいれば、心は、あらゆるものを超えて続く基底の安全に根を張っていることになります。聖パウロは、「キリストとその復活の力とを知」（フィリピ3・10）るために、キリストと結ばれていたいといっています。それは、繰り返し、あなたの人生にも登場する力です。イエスが来られるのはあなたにいのちを与えるため、「しかも豊かに」（ヨハネ10・10）与えるためなのです。

129　心のどこかで、このメッセージの美しい価値にピンと来て、主にあなたを見つけていただくならば、主に愛され、救っていただくならば、主と友となり、あなたの生活の具体的なことについて、生きているキリストと語り合うならば、それはすばらしい体験、キリスト者としてのあなたの生活を支える、根源的体験となるはずです。それはまた、他の若者に伝えることのできる体験です。「人をキリスト信者とするのは、倫理的な選択や高邁《こうまい》な思想ではなく、ある出来事との出会い、ある人格との出会いです。この出会いが、人生に新しい展望と決定的な方向づけを与える(69)」からです。

聖霊がいのちをもたらしてくださる

130　神はあなたを愛している、キリストはあなたの救い主である、このかたは生きている――この三つの真理には、父なる神が登場し、イエスが登場します。御父とイエスがおられるならば、そこには聖霊もおられます。裏方をしておられるかたです。このメッセージを受け入れるために心を整えさせ、開いてくださるかたです。救いの体験を鮮やかに保たせてくださるかたです。あなたがこのかたに働いていただくようにすれば、この喜びを膨らませるよう助けてくださるかたです。聖霊は、復活したキリストで心を満たしてくださり、そこからあなたの生活へと泉のように流れ出ます。ですからあなたがこのかたを受け入れたならば、聖霊はあなたをより深くキリストの心に入れるようにしてくださるので、キリストの愛と光と力で、あなたはもっと満たされていくはずです。

131　このすばらしいメッセージの体験をあなたが新たに重ね続けていけるよう、毎日聖霊に願い求めなさい。ぜひとも。あなたが失うものは何もありません。このかたはあなたの人生を変え、照らし、よりよい道しるべを与えてくれるでしょう。あなたを損ねることはしませんし、あなたから何かを奪い取りもしません。それどころか聖霊は、あなたが必要なものを最善の方法で見いだせるよう助けてくださいます。愛が欲しいのですか。他者を利用したり、所有物としたり、支配したりする、勝手気ままな中には、それは見つからないでしょう。あなたを本当に幸せにする道で、愛は見つかるはずです。充実感が欲しいのですか。物を増やしたり、お金を費やしたり、この世界のことがらを死に物狂いで追い求めることでは、それは味わえないでしょう。聖霊に導いていただけるよう自分自身を明け渡したときに、充実はもっとずっと美しく幸福感のあるかたちで得られるものなのです。

132　熱中したいのですか。美しい詩「恋しなさい」（言い換えれば、恋するがままに）が、語っているとおりです。「神に出会うこと、つまりは、決定的に熱烈に、神と恋に落ちること。これ以上に大切なことはない。あなたが恋しているかたは、あなたが思い描くことすべてに映り、そうしてすべてにその痕跡が刻まれる。朝、床から出るのはそのかたのため、夕べもそのかたのためにあり、週末はそのかたのために使う。読み取るものはそのかた、感じ取るものはそのかた、そのかたのために心を砕き、そのかたへの喜びと感謝で打ちのめされる。恋しなさい。愛に浸っていなさい。すべてが違ってくるでしょう」[70]。神へのこうした愛によって、生活のすべてを情熱をもって過ごせるようになります。それは、聖霊の恵みによって可能となります。「わたしたちに与えられた聖霊によって、神の愛がわたしたちの心に注がれているからです」（ローマ5・5）。

133　聖霊は、最高の若さをもたらす源です。主を信じる人は、「水のほとりに植えられた木。水路のほとりに根を張り、暑さが襲うのを見ることなく、その葉は青々としている」（エレミヤ17・8）からです。「若者も倦《う》み、疲れ」（イザヤ40・30）ますが、主に望みをおく人は、「新たな力を得、鷲《わし》のように翼を張って上《のぼ》る。走っても弱ることなく、歩いても疲れない」（イザヤ40・31）のです。

第五章　青年の歩み

134　福音のすばらしいメッセージによって、啓発され、変えられる時期である青年時代を、どのように過ごすべきでしょうか。この問いは大切です。若さというものは、誇るものである以上に、神からの贈り物だからです。「若さは恵みであり、財産です」(71)。贈り物ですから、無駄にもできますが、感謝して味わい、とことんそれを生きることもできます。

135　神が若さの作者であり、若者一人ひとりの中で働いておられます。青春は若者にとって祝福の時であり、教会と世界にとっては神からの恵みです。喜びであり、希望の調べ、至福の時です。若さを正当に評価することは、人生のこの期間を貴重な時期として捉え、大人になるようせかされていると若者が感じるような過渡期としては捉えない、ということです。

夢と選択の時期

136 イエスの時代、幼年期からの卒業は、待ちわびて盛大に祝う人生の節目でした。だからイエスが、「子ども」（マルコ5・39）のいのちをよみがえらせたときに、イエスはその子を一歩先へ進ませ、成長させ、「少女」（マルコ5・41）になさったのです。その子に「少女よ、起きなさい」（タリタ、クム）といわれると、その瞬間に青年期の扉が開かれ、その子の自分の人生に対する責任を大きくしたのです。

137 「青年期は人格形成期で、夢が具体的になり、友人関係が強まり安定し、いろいろと挑戦をして、人生設計を一歩ずつ構築するような選びをする、という特徴があります。人生のこの時期に若者は、根を切り離さずに先へと飛び出していくこと、孤立することなく自主性を確立することを求められています(72)」。

138　神の愛も、生きておられるキリストとの関係も、わたしたちから夢見ることを奪いはしませんし、視野を狭めなさいと求めたりしません。それどころかこの愛は、わたしたちを勢いづかせ、追い立て、よりよくすばらしい人生へと送り出すのです。「落ち着きのなさ」という語が要約しているのは、若者の心にあるたくさんの渇望です。聖パウロ六世がいったとおり、「あなたたちを苦しめる満たされない思いの中にこそ、……光となるものがあるのです[73]」。満たされないことによる落ち着きのなさは、地平の先に現れる新しいものへの驚きと並んで、本物を求める道を開きます。自分の手で自らの人生をつかみ取り、使命に対する責任を担うよう、彼らを押し動かす道です。こうした健全な落ち着きのなさは、とくに青年期に呼び起こされて、個々の心の、若さ、積極性、率直さを保つ特徴であり続けるのです。心の平安は、この深い渇望と共存しうるものです。聖アウグスティヌスはいいました。「あなたはわたしたちを、ご自身にむけてお造りになりました。ですからわたしたちの心は、あなたのうちに憩うまで、安らぎを得ることができないのです[74]」。

139　以前、友人から、若い人のことを考えるときに何を思っているかと尋ねられたことがあります。わたしは次のように返答しました。「自分の道を探している青年たち、自分の足で駆け抜けたいと望む若者たち、夢いっぱいの、幻想もあるものの希望に満ちたまなざしで、世界をのぞき、地平を見つめる若者たちが目に浮かびます。若者は大人と同じく二本足で独り立ちしていますが、足を並べて立つ大人とは違って、片方の足は、踏み出そう、動き出そうと、一歩前に出しています。いつだって前を見ています。若者について語るということは、希望の星について語ることであり、それはつまり喜びについて語ることです。若者たちには強いパワーがあるので、彼らは希望をもって見ることができるのです。若者とは、いのちにとって、かなり強靭な希望の星です。思い違いができるほどに無茶苦茶で、落ち込んだとしても、そこからまた立ち直れる力があるのです[75]」。

140　子どものままでいたいがために、人生のこの段階を拒む若者や、「青年期をどこまでも引き延ばし、決定を先延ばし」にしたい若者もいるでしょう。「こうして、決定的となることへの恐れが、決断における一種の不随を引き起こしています。ですが青年期を、猶予期間のままにするわけにはいきません。選択の年齢にあたり、まさしくその点に、青年期の魅力と重要な役割があるのです。若者は、職業分野、社会的・政治的分野のほか、自身の人生を左右する基礎的領域において、決断をします」[76]。さらには、愛について、結婚相手、また子をもうけるか否かも決断します。このテーマについては、個人の召命とその識別を扱う最後の章で掘り下げようと思います。

141　決断に導く夢とは反対に、つねに「不平不満やあきらめ、という脅威があります。そうしたことは、「不平の女神」の信奉者に任せておきましょう。……それはまやかしです。あなたを誤った道に連れていきます。何もかもが停滞してよどんで見えるとき、個人的な問題が心を騒がすとき、社会での困難のしかるべき解決法が見つからないとき、白旗を挙げるのは正しくありません。イエスの道とは、わたしたちの舟にそのかたを乗せて、ともにこぎ出すことです。そのかたこそ主なるかたです。人生の見方を変えてくださいます。イエスへの信仰は、わたしたちを乗り越える希望へと、確信へと導きます。自分の資質や能力にだけでなく、神のことばに、主からの招きに根拠を置く確信です。人間的打算に終始することなく、また、自分を取り巻く現実が安心なものか点検することに執着せずにいてください。沖へこぎ出してください。自分自身の外へと出てください」[77]。

142　夢の道をめげずに歩み続けなければなりません。そのためには、大抵はひどい目に遭わされることになる、ある誘惑に注意しなければなりません。――不安です。すぐさま結果が出ないならば手を引っ込めさせる、手ごわい敵となりうるものです。最上の夢は、焦りを抑えて、希望と辛抱と根気をもって勝ち取るものです。その間、不安によって動けなくなってはなりません。賭けに出ること、失敗することを、恐れてはなりません。そうです。危険を冒したくない、責任を果たしたくない、失敗が怖いといって、自分を死んだ存在にまで貶《おとし》めて、生ける屍《しかばね》のように、動けなくなることを恐れるべきです。失敗しても、必ず立ち直ることも、やり直すこともできます。あなたの希望を奪う権利をもつ者などいないのです。

143　若者の皆さん。皆さんの青年期の最高のものをあきらめないでください。シェルターの中から人生を見ていてはなりません。ソファを幸せと勘違いしたり、人生をずっと衝立《ついたて》の後ろで過ごしたりしてはなりません。捨てられた自動車のようなもの寂しい景色になってもいけません。動かない車になってはなりません。それよりも、夢が膨らむに任せて決断してください。間違ってもいいので、思い切ってやってみてください。麻痺した魂で生き長らえたり、観光客かのごとく世界を眺めていたりしてはだめです。騒ぎなさい。ミイラ化した若者にならないように、あなたたちをぐずぐずさせる不安を振り払いなさい。生きなさい。最高の人生にかけてみなさい。籠《かご》の扉を開いて、飛び立ちなさい。お願いです、早々の隠居はいけません。

人生を楽しむこと、経験することへの意欲

144　夢見る将来へのこうした投射は、若者はただ前方だけに投げ出されているということを意味するのではありません。若者たちには今を生きるということ、現在の人生が与える可能性を最大限生かすということに対しても、強い思いがあるからです。この世界はすばらしいものであふれています。神が贈ってくださるものを、むげになんてできますか。

145　多くの人が考えているのとは逆で、主は、人生を楽しみたいというこの欲を、押さえつけようとは思っておられません。旧約聖書の賢者の教えを思い出すのがいいと思います。「子よ、分に応じて、財産を自分のために使え。……一日だけの幸せでもそれを逃すな」（シラ14・11、14）。まことの神、あなたを愛しておられる神は、あなたに喜んでいてほしいので

す。だから聖書には、若者に向けた次のような助言があるのです。「若者よ、お前の若さを楽しめ。青春の日々に心の喜びを味わえ。……お前の心から悩みを取り除け」(コヘレト11・9―10［フランシスコ会訳］)。「わたしたちにすべてのものを豊かに与えて楽しませてくださる」(一テモテ6・17)のは、神だからです。

146 日々受け取るささやかな贈り物を楽しめない人が、行く先々で出会う素朴で心地よいものに目を留めない人が、どうして神に感謝できるのでしょうか。「自分のことで物惜しみする人ほど、痛ましい者はない」(シラ14・6)のです。これは、やたらと快楽に取りつかれている、強欲とは違います。それとは逆です。それは、今を生きることを妨げてしまうからです。問題は、人生で出会う小さな恵みの一つ一つを、存分に感謝して味わうために、目を開いて、立ち止まるすべを知るということです。

147 明日に備えるばかりでなく今を生きよ、神のことばがそうあなたを招いているのは明らかです。「明日のことまで思い悩むな。明日のことは明日自らが思い悩む。その日の苦労は、その日だけで十分である」(マタイ6・34)。ただこれは、空虚でつねに満たされないままにする、無責任な放埓《ほうらつ》へと飛び込むことではありません。そうではなく、よいことのために精力を注ぎ、兄弟愛をはぐくみ、イエスに倣い、生活の中の小さな喜び一つ一つに神からの愛の贈り物として感謝することで、今を存分に楽しむということです。

148　これについては、フランシスコ・ザベリオ・グエン・ヴァン・トゥァン枢機卿を思い起こしたいと思います。トゥァン枢機卿は、強制収容所に入れられていたときにも、未来に期待し希望を置くだけで日々を過ごすつもりはありませんでした。「今というこの瞬間を生き、そして、それを愛で満たそう」と心に決めました。それを実現させる方法は、「普通の仕事を非凡に遂行するために、毎日やってくる機会をしっかりとつか(78)」むことです。夢の実現のために奮闘しながらも、今日という日を満喫し、今日に全力を注いで、一瞬一瞬に愛を込めてください。あなたの青春のこの日はもう二度とないのですから、思い切り、とことん楽しむことには価値があるのです。

149　これは、苦しいときについてもいえることです。苦しみから教えられるものをしっかりと受け取るためにも、逃げずに生きなければなりません。スイスの司教団は教えてくれます。

「主に見捨てられたと思うときにも、もう決して救いはないだろうというときにも、そこにあのかたはおられます。逆説的ですが、苦悩、闇は、多くのキリスト者にとって、神と出会う場となったのです」(79)。さらにいえば、人生を楽しむこと、経験することへの意欲はとくに、身体、精神、知的障害をもつ、たくさんの若者にも大きくかかわることです。必ずしも同級生たちと同じ経験ができるわけではありませんが、彼らには、一般的な人を上回ることもあるような、並外れた思いもよらない資質があります。主イエスは彼らを、ほかとは違うたまもので満たしています。そのたまものは、主が彼ら一人ひとりに愛の計画をもっておられることに気づけるよう、その真価を認めることを、共同体に求めているのです。

キリストとの友情を

150 あなたがどれだけ人生を楽しもうとも、経験を積もうとも、親友であるかたと毎日会っていなければ、イエスとの友情を味わっていなければ、若さの核心には至らず、その真の充実も知らないことになります。

151　友情は、人生の贈り物であり、神からの恵みです。友人たちを通して、主はわたしたちを純にしてくださり、大人にしてくれます。そしてまた、つらいときにそばにいてくれる誠実な友は、主の愛情と、慰めと、優しい存在とを映すものでもあります。友をもつことで、心を開くこと、理解すること、他者を気に掛けること、気楽さと孤立から抜け出ること、人生をともにすることを、教えられます。だから「誠実な友は、何ものにも代えがたく、そのすばらしい値打ちははかりがたい」（シラ６・15）のです。

152　友情というものは、やがては消える一時的な関係ではなく、変わることなく、固く、忠実な、時とともに円熟する関係です。きずなを感じさせてくれる情緒的結びつきであるとともに、相手の長所を見つけようとさせる寛大な愛でもあります。友人どうしが正反対のタイプだとしても、親近感を覚える何かしらの共通点が必ずあります。まっすぐな思いと信頼をもって分かち合う親密さがあるのです。

153　友情はとても大切なものなので、イエスはご自分を友となさるのです。「もはや、わたしはあなたがたをしもべとは呼ばない。……わたしはあなたがたを友と呼ぶ」（ヨハネ15・15）。

主から与えられた恵みによって、まことにイエスの友になることにおいて、わたしたちは高く上げられたのです。わたしたちに注いでくださったのと同じ愛をもって、わたしたちはこのかたを愛し、そのかたの愛を他者にまで広げることができます。それは、彼らもまた、イエス・キリストによって築かれる友情共同体の中に居場所を見つけられるはずだとの希望をもってのことです[80]。このかたはすでに、復活したかたとして至福のうちにおられますが、この世界におけるみ国の建設を手伝うことで、キリストのメッセージ、キリストの光、そして何よりも他者へのキリストの愛を届けるための主の道具となることで、このかたとともに広い心の持ち主となることができます（ヨハネ15・16参照）。弟子たちは、イエスがご自分との友情へと招くのを聞きました。それは、強要するものではなく、自由意志に敬意を払って差し出された招きでした。「来なさい。そうすれば分かる」とイエスは彼らにいわれました。そして彼らは「ついて行って、どこにイエスが泊まっておられるかを見た。そしてその日は、イエスのもとに泊まった」（ヨハネ1・39）とあるとおりです。この親密な、思いがけない出会いの後、彼らはすべてを捨ててイエスに従ったのでした。

154　イエスとの友情は揺るぎないものです。黙っておられるように見えたとしても、このかたは決してわたしたちを放ってはおかれません。わたしたちが必要とするときにはご自分と出会えるようにしてくださり（エレミヤ29・14参照）、どこへ行こうともそばにいてくださいます（ヨシュア1・9参照）。このかたが契約を破棄することは、絶対にないからです。わたしたちに対し、ご自分を放っておかないよう求めておられるのです。「わたしにつながっていなさい。わたしもあなたがたにつながっている」（ヨハネ15・4）。たとえわたしたちが離れていこうとも、「キリストはつねに誠実であられる。キリストはご自身を否《いな》むことができないからである」（二テモテ2・13［フランシスコ会訳］）。

155　友と語って、わたしたちは心の奥に秘めたことを分かち合います。イエスともまた、語り合えます。祈りは、挑戦であり冒険です。冒険なのです！　祈りによってわたしたちは、イエスをもっとよく知り、イエスの深層へと分け入り、結びつきをさらに強められるようになります。祈りによってわたしたちは、自分に起きたことをすべてイエスに伝え、その腕に安心して包まれるとともに、イエスがわたしたちにご自分のいのちを注いでくださる、親密で愛のある尊い時間を得ることができます。「あなたのなさりたいように」と祈ってあのかたの場所を用意したなら、「あのかたは行動でき、立ち入ることができ、勝利を収めることができるのです」[81]。

156　そうして、あのかたとの途切れることのない結びつきを生きられるようになります。それは、他の人と味わういかなるものにも勝るものです。「生きているのは、もはやわたしではありません。キリストがわたしの内に生きておられるのです」（ガラテヤ2・20）。あなたの青春から、この友情を抹殺しないでください。祈っているときでなくとも、あなたはその友情を感じるはずです。あのかたがどんなときもあなたとともに歩いておられることに気づくはずです。それに気づけるようになってください。そうすればあなたは、いつでも寄り添われていることを知るという、すばらしい経験を得るでしょう。それは、エマオの弟子たちが体験したことです。旅路にあって混乱しながら語らっていると、イエスが姿を現されて「一緒に歩き始められた」（ルカ24・15）ときの体験です。ある聖人がいっています。「キリスト教は、信じるべき真理、守るべき法規、禁止事項の一そろいではありません。そうなったら不快です。キリスト教とは、わたしのことをあれほどまでに愛してくださり、わたしに愛を求めておられる、あのかたのことです。キリスト教とは、キリストのことなのです」[82]。

157　イエスは教会のすべての若者と、一つの夢で結ばれています。「すばらしい夢、すべての人を包みうる夢です。イエスが十字架上でご自分のいのちをささげたのも、五旬祭の日に、すべての人の心、各人の心に聖霊が注がれ、それにより炎の刻印が与えられたのも、その夢のためです。……聖霊は、それが成長し拡大する場所を得ることを期待して、その炎を刻みます。夢です。御父によって蒔《ま》かれ、遣わされた、御父と同じく神なるかたである、イエスという名の夢です。御父は、その夢が一人ひとりの心で膨らみ、続いていくと確信しておられました。一人の人間、という具体的な夢です。わたしたちの血管を流れ、心に衝撃を与え、心躍らせる夢です[83]」。

成長と成熟

158　多くの若者が、自分の肉体に頓着して、身体を鍛え、見た目をよくしようとしています。一方では、技能や知識を積み上げることに執心し、それで安心感を得る若者もいます。また、高みをねらい、挑戦することに必死になり、スピリチュアルな成長を追い求める若者もいます。聖ヨハネはいいました。「若者たちよ、わたしがあなたがたに書いているのは、あなたがたが強く、神のことばがあなたがたの内にいつもあ（る）……からである」（一ヨハネ2・14）。主を求め、そのことばを大切にし、生活をもってそれにこたえようと努め、徳を磨く――、こうして若者の心は強くなるのです。そのためにはイエスとの「接続」を保ち、イエスと「オンライン」でいなければなりません。あなたの力と、あなたの知識だけでは、幸福も聖性も高めることはできないからです。インターネットにつながらないことを心配するのと同じく、主との接続を確保しておきなさい。つまり、対話をたやさず、主に耳を傾け、自分のことを主に伝え、どうしたらいいか分からないときには主に尋ねなさい。「イエス様、あなただったらどうなさいますか(84)」。

159　わたしはあなたが、自分を大事にし、真剣に考え、自身の霊的成長を目指すことを期待しています。青年期には特有の熱意に加え、「正義と信仰と愛と平和」（二テモテ2・22）の追求という美もあります。それは、自由意志や、若々しさや、熱意、柔らかさを失うことにはなりません。大人になるということは、人生のこの時期の、最高に価値あるものを捨てることではないからです。そうでなければ主はいつか、あなたをこう叱《しか》ることでしょう。「わたしは、あなたの若いときの真心、花嫁のときの愛、種蒔《ま》かれぬ地、荒れ野での従順を思い起こす」（エレミヤ2・2）。

160　大人もまた、若かりしころの真価を失うことなく成熟していくべきです。事実、人生のどの段階もが永続する恵みであり、消え去るはずのない価値をとどめているからです。しっかりと生きた青春時代は、心の経験として残り、大人としての生活の中で吸収され、深められ、実りをもたらし続けるのです。開かれていて始まっている無限なるものに魅力を感じるのが若者の典型であるならば、[85] 大人の生活の危機――安定と快適さがあるものの――の一つは、次第にその視野を制限するようになって、若いころならではの価値を失っていくことです。そうではなく、その反対であればいいのです。広がり続ける現実、それに引き寄せるあの引力と、それに向かって開かれたあの伸びやかな心と、それに夢中にさせるあの興奮、それらを失うことなく、成熟し、成長し、生活を整えるのです。人生のどんな時期にあっても、わたしたちは若さを取り戻し、若々しくなることができるのです。わたしが教皇としての務めを始めたとき、主はわたしのために新たな地平を切り開き、わたしを若返らせてくださいました。同じことは、長年連れ添った夫婦にも、修道院で過ごす修道士にも起こるはずです。年月をかけて「落ち着く」必要があるものはありますが、それでもその成熟は、新たに燃やされる炎と、つねに若い心と、共存できるものなのです。

161　成長するということは、青年時代があなたに与える至宝のものを、保ち育てるということですが、それと同時に、よくないものの純化や、価値あるものを発展させるためにあなたを呼んでおられる神からの、新たなたまものの受領に開かれていることでもあります。ときおり、劣等感によってあなたは、自分の欠点や弱さから目を背けたくなりますが、それは成長と成熟を妨げかねません。そうなるよりも、あなたのありのままを愛し、よさを分かっておられ、大切にしてくださり、それればかりかあなたにさらに与えてくださるかたである、神に愛してもらいなさい。ご自分とのさらなる友情を、祈りに対するもっと熱い思いを、みことばへのいっそうの渇望を、聖体のうちにおられるイエスを受けたいというますますの望みを、福音を生きるさらなる意欲を、さらに強い心を、心のいっそうの安らぎと安定を、与えてくださるかたです。

162　ただし、ほかの人の丸写しでは、あなたは聖とされることも自己を実現することもないことを、覚えておいてください。聖人をまねるのであっても、それは彼らの生活のしかたや聖性の生き方を丸ごと写すことではありません。「支えとやる気とを与えてくださるあかし人もいますが、だからといってその人を丸写ししようとするのは違います。それは、主が与えてくださった各自それぞれの異なる道から、わたしたちを引き離しかねないからです[86]」。あなたらしさを見いだして、ほかの人が何をいおうと、どう思おうと、あなた固有の聖性の道を切り開いていくのです。聖なる者となるということは、コピーではなく、完全なるあなた自身になること、神が思い描き、創造しようとした者となることです。あなたの人生は、預言的刺激であるべきです。他者を駆り立てる刺激、この世界に痕跡を、しかもあなたにしか記せない唯一無二の痕跡を残す刺激です。そうはせずに丸写しをするのなら、あなたはこの地から、さらには天上からも、ほかならぬあなただけが差し出すことのできるものを奪うことになるのです。十字架の聖ヨハネが自著『霊の賛歌』に、各自が「自分の……様式……に応じて[87]」、自身の霊的な賢慮を用いなければならないと記していることを思い出します。それは神ご自身がご自分の恵みを「ある者にはこの様式で、他の者には他の様式で[88]」示すことを望んでおられるからなのです。

兄弟愛の道

163　あなたの霊的成長は、何よりも、兄弟的で寛大で思いやりある愛において示されます。聖パウロはいいました。「どうか、主があなたがたを、お互いの愛とすべての人への愛とで、豊かに満ちあふれさせてくださいますように」（一テサロニケ3・12）。いのちをなげうつまでに、他者の幸せのために自己から脱するあの「恍惚《こうこつ》」を、あなたがもっと経験できますように。

164　神と会うことを「恍惚」と呼ぶのは、神の愛と美のとりことなって、自分が自己から引き離されて高みに上げられるからです。ですがわたしたちは、一人ひとりの中に秘められた美、尊厳、神であり御父の子であるかたの似姿としてのすばらしさに気づくことでも、自己から引き離されうるのです。聖霊はわたしたちが、自己の外に出るよう、愛の心で他者を抱きしめ、その人の幸せを追求するよう、駆り立てておられます。ですからやはり、ともに信仰を生きるほうが、共同体での生活を通してほかの若者たちとともに、愛情を、時間を、信仰を、悩み事を分かち合い、愛を表すほうがよいのです。教会は、共同で信仰を生きるための実にさまざまな場を提供しています。一緒ならば、何もが軽くなるからです。

165　傷つけば、独り離れていたいという思いや、閉じこもったり、恨みをため込んだりする、そういったことへと傾きそうになりますが、ゆるしなさいという神の呼びかけに耳をふさいではなりません。ルワンダの司教団がいみじくも語ったように、「相手との和解にはまず、その人には神の似姿としての輝きがあると認めることが必要です。……この点からいえば、真の和解に至るためには、罪を犯した人とその罪や悪行とを分けて受け止めることが欠かせません。つまり、あなたに対する相手の悪事を憎く思ったとしても、その人の弱さを受け止め、その人に神の似姿を認めるのだから、その人を愛し続けるということです[89]」。

166　自分自身の中に、抱える問題の中に、傷ついた気持ちの中に、不平不満の中に、快適さの中に、閉じこもっていたいという誘惑から、はつらつとした力も夢も熱意も、すべてがしぼんでしまうこともあります。そうはならないでください。内面が年とは不相応に、老けてしまうからです。どの年齢にもその年齢らしいすばらしさがありますが、若い世代にとっては、共同での理想郷が、ともに夢見る力が、皆で一緒に見つめる広大な地平が、欠けることがあってはならないのです。

167　神は、若者たちの喜びを喜ばれ、そして彼らを何にも増して、兄弟の交わりを生きるあの喜び、分かち合えるという醍醐味へと招いておられます。「受けるよりは与えるほうが幸い」（使徒言行録20・35）であり、「喜んで与える人を神は愛してくださる」（二コリント9・7）からです。兄弟愛はわたしたちの喜ぶ力を倍増させます。他者の幸福を喜べるようになるからです。「喜ぶ人とともに喜び、泣く人とともに泣きなさい」（ローマ12・15）。あなたの若さがもつ自発性と推進力が、兄弟愛へとますます変えられ、つねにゆるしの心と、寛大さと、共同体を築こうという意欲をもって反応できるみずみずしさを得られますように。アフリカのことわざは教えています。「急いで行くなら一人で行け、遠くへ行くなら一緒に行け」。兄弟愛を奪われないようにしましょう。

若者の社会参加

168　確かに、暴力と利己心にあふれた現実を前にすれば、若者には、少数集団に引きこもり、そうして社会生活や、広範で刺激的で要求の多い世界に挑む気力が奪われる危険があります。彼らは兄弟愛を味わっているとは思ってはいても、その集団は、エゴの延長でしかないかもしれません。それがひどくなるのは、信徒の召命を教会内での奉仕（朗読奉仕、侍者、要理指導など）に限定して考え、信徒の召命とは何よりもまず家庭での愛のわざであり、社会に向かう愛であり政治において実践する愛であることを忘れてしまう場合です。それは、信仰から始まる、新たな社会の創設のための具体的な取り組みであり、世の中で、社会で、その多様な必要を福音化するために、そして平和、共生、正義、人権、思いやりの心を育てることで、この世における神の国を拡大していくために、そのただ中で生きるということなのです。

169　若者の皆さんには、内輪のグループを越え出て、「共通善を追求する社会的交友」を築いていただきたいと思います。「社会的反目は破滅をもたらします。家庭が崩壊するのは反目によってです。国が滅ぶのは敵意のためです。世界が壊されるのは敵意のゆえです。そして最大の敵意とは戦争です。わたしたちは今日、世界が戦争によって壊されつつあるのを目にしています。腰を据えて語り合うことができないのです。……社会的交友を築けるようであってください[90]」。簡単ではありません。必ず何かをあきらめなければなりませんし、折り合いをつけなければなりません。ですがすべての人の幸福を思ってそうするならば、共通の目的に向けてともに闘うために、互いの相違を問題にしないというすばらしい体験を手にすることができるでしょう。橋を架け、万人の益である平和を築くために、手作業での、時に苦労の多い務めを通して、膨大な違いの中で一致点を見いだせたなら、それは出会いの文化の奇跡であり、若者は熱い心で果敢にそれを生きようとするはずです。

170 シノドスは認めています。「過去の世代とは違ったかたちではありますが、社会貢献は現代の若者の明確な特性です。無関心な若者もいる一方で、多くの若者はボランティア活動、積極的社会参加、社会的連帯への参画の意欲をもっています。彼ら若者の才能、技術、創造性を引き出し、彼らが責任を果たせるよう促すには、寄り添いと励ましが必要です。社会貢献や、貧しい人と直接かかわりをもつことは、信仰を探究し掘り下げ、自身の召命を識別するための第一義的機会であることに変わりはないのです。……共通善構築のため、政治分野への協力の意欲もまた、指摘されました[91]」。

171　近ごろはありがたいことに、小教区、学校、活動団体、大学のサークルなどの若者のグループが、話し相手として高齢者や病者を訪問したり、貧困地区を訪問したり、困窮者の支援である、いわゆる「チャリティナイト」に連れ立って参加したりしています。こうした活動を通してほとんどの若者が、自分が与えるものよりも受けるもののほうが多いことに気づかされます。他者の苦しみに触れようとするときに、人は多くを学び、ぐっと成熟するからです。それに、貧しい人たちには隠れた知恵があります。素朴なことばで、わたしたちには見えていない価値あるものに気づけるよう助けてくれるのです。

172　また、ホームレスの人のための住居建設、汚染地域の改善、底辺の困窮者のための支援を募るといった目的の社会貢献活動に参加している若者もいます。こうした協働の力が、散発的な活動にだけでなく、より継続的で効果的な作業を果たす助けとなる明確な目的とよい組織をもった恒常的な活動にも用いられたならば、すばらしいと思います。大学生は、社会問題の解決のために自分たちの知識を用いるべく、学際的なかたちで協力できるはずです。そうした作業を通して、彼らは諸教会や他宗教の若者と一緒に働くことができます。

173 イエスの奇跡がそうであったように、若者のパンと魚も増えるはずです（ヨハネ6・4―13参照）。たとえにあるように、若者という小さな種は、木となり実をつけます（マタイ13・23、31―32参照）。そのどれもが、聖体という、生ける泉からもたらされているのです。聖体においてパンとぶどう酒は、わたしたちに永遠のいのちを与えるために姿を変えられるのです。若者には、広範で骨の折れる務めが任されています。復活したかたへの信仰を携えていれば、ただイエスの母の命令「この人が何か言いつけたら、そのとおりにしてください」（ヨハネ2・5）に従っただけで、イエスの最初の奇跡の図らずも協力者となった、あの婚宴の召し使いのように、いつでも奉仕の場に身を置き、創意と希望をもってそれと向き合うことができるでしょう。思いやりと、創造力と、希望が、いのちを成長させるのです。

174 こうした社会参加を奨励したいと思っています。わたしは知っているのです。「あなたの心、若い心は、よりよい世界を築きたがっています。世界中のニュースを見ていると、世界の多くの場所で、多くの若者が、もっと正義と友愛のある文明への望みを表明して、通りに出ています。街頭に出る若者たちです。変革の主役になろうという若者たちです。変革の主人公を、ほかのだれかにやらせてはなりません。希望の星はあなたたちです。あなたたちを通して、世界に未来が訪れるのです。あなたたちには、この変革の主役にもなってほしいのです。世界のさまざまな場所で生じている社会的・政治的不安に対して、無関心を克服して、キリスト教的な答えを示してください。あなたたちにお願いします。未来を築く建設者になり、世界をよりよいものとする働きに加わってください。愛する若者の皆さん、お願いです。観客席から人生を眺めるのではなく、そこでもまれてください。イエスは観客席にはおられず、積極的にかかわられました。ですから観客席からの人生ではなく、イエスがなさったように、そこでもみくちゃにされてください」(92)。とにもかくにも、どうにか、消費主義や薄っぺらな個人主義の病に冒されずに、共通善のために闘い、貧しい人に仕える者となり、愛と奉仕の革命の主人公となってください。

勇敢な宣教者

175　キリストに恋している若者は、自分の生活にかかわるあらゆる場所で福音をあかしするよう求められています。聖アルベルト・ウルタドはいいました。「使徒であるということは、上着の胸元にバッジをつけていることではありません。真理について語ることではなく、それを生きること、具体的なかたちで表すこと、キリストのように自ら変えていくことです。使徒であるとは、その手にともし火をもっていることでも、後光に包まれていることでもなく、光となっている……ということです。福音は……教えというよりも手本です。経験される生へと変換されるメッセージです」[93]。

176　あかしは、語らずに秘しておくから価値があるのではありません。なぜイエスについて語らないのですか。このかたがわたしたちに生きる力を与えてくださることを、このかたと語らうのはすばらしいことだと、そのことばを黙想するのはよいことなのだと、どうしてほかの人に伝えないのですか。若い皆さん、この世に流されて、よくないことやどうでもいいことだけをシェアするようにはならないでください。時流に逆らえるようになりなさい。イエスについて分かち合うすべを身に着けなさい。主が皆さんに与えた信仰を伝えなさい。聖パウロが「福音を告げ知らせないなら、わたしは不幸なのです」（一コリント9・16）といったときに、彼を突き動かしていたのと同じ抑えきれない衝動を、あなたも胸に感じることができますように。

177「イエスはどこにわたしたちを派遣するのでしょうか。そこには境界も限界もありません。すべての人のもとにわたしたちを派遣します。福音は、一部の人のためのものではなく、すべての人のためのものです。それは、わたしたちに近く、わたしたちを受け入れ、歓迎してくれるであろう人だけのものではありません。すべての人のものです。行って、あらゆるところ、それも社会の周縁、遠く離れた人、わたしたちに無関心であるように思われる人にまでキリストをもたらすことをおそれてはなりません。主はすべての人を捜し求めます。すべての人がご自分のあわれみと愛の温かさを感じることを望まれます」[94]。そのかたはわたしたちに、おそれることなく、宣教する者のメッセージを携えて進みなさいと呼びかけておられます。どこにいても、だれといても、近所で、学びの場で、スポーツを通して、友人と出掛けているときも、ボランティアをしているときも、仕事中も、いつだって、福音の喜びを分かち合うにふさわしい機会なのです。これが、主がすべての人のもとに行かれる方法なのです。主はあなたたちに、若者に、光と希望を振りまくご自分の道具となることを期待しておられます。あなたたちの勇気を、みずみずしさを、熱意を、頼りにしておられるからです。

178　宣教は簡単で気楽なものだと思ってはなりません。宣教への衝動が抑えがたく、いのちをささげた若者もいます。韓国の司教団はいいました。「わたしたちは自分が、殉教者の模範に従い、一粒の麦となり、人類の救いのための道具となれますようにと願っています。わたしたちの信仰はからし種ほどの小さなものですが、神はそれを大きくし、ご自分の救いのわざの道具として用いてくださるでしょう」(95)。友である皆さん。あなたのエネルギーと、闊《かっ》達《たつ》さと、想像力を用いて世界を変革することへの協力を、明日に先送りしないでください。あなたたちの人生は、「そうこうするうちに」といったものではありません。あなたたちは、あなたたちに多く実ってほしいと期待をかけておられるかた、神の、今なのです(96)。なぜなら「わたしたちは与えるから受ける」(97)からであり、すばらしい未来を築く最善の策は、献身と寛大さをもって、今をしっかり生きることだからです。

第六章　根づいている若者

179　高くなろうと空へ枝を伸ばし、希望を歌うがごとく麗しい若木を、しばしば見掛けます。それから、嵐の後に、折れて、死んでいるのを目にすることもあります。十分に伸びていない根で、地中にしっかりと張ることなしに枝を広げたため、自然の猛威には勝てなかったのです。ですから、まるで世界は今始まったといわんばかりに、根を張らないまま未来を築くよう若者に促す人を見ると、わたしは胸が痛みます。「しっかりと大地に支えられ結ばれるための強い根をもたなければ、成長できるはずがないのです。張りついていられる場、しがみつく場をもてなければ、すぐに「吹き飛ばされて」しまいます[98]」。

大地からあなたが引き抜かれてしまいませんように

180　これは二次的な問題ではありませんから、短くとも章を割くことは適切なことと思います。これが理解できたなら、若さをめでることと、若者をそそのかして利用したり都合よく使ったりする、誤った若さ礼賛との違いが、区別できるようになります。

181　考えてみてください。もしだれかがあなたにある提案をして、歴史は知らなくてよい、老人たちの経験から学ぶ必要はない、過ぎたことはどうでもよく、自分が与える未来だけを見ていればよいと伝えたりするならば、それは、その提案によって、その人がいうことだけをあなたたちにさせるための、安易なやり方ではありませんか。そのような人にとっては、あなたたちに、空っぽで、根のない、何の信念もない人になってもらう必要があります。そうすればあなたたちが、その人の示す約束だけを頼り、その計画に服従するだろうからです。これが、種々のイデオロギーが働くからくりです。違うものすべてを破壊（あるいは解体）し、そうして反対勢力を排して支配できるようにするのです。そのためには、歴史を軽視する若者、世代を超えて継承されてきた精神的・人間的財産を拒む若者、それまでにあったものをすべて軽んじる若者が望まれています。

182　同時に、工作員は他の手段をも利用します。それは、何であれ若さがなければ、嫌悪して捨ててしまってもかまわないものとする、若さの崇拝です。若い肉体がこの新宗教のシンボルとなり、その肉体をもってすることすべてが神格化され、ひたすらに欲望の対象とされ、若さのないものは侮蔑されて見下されるのです。ところがそれは、若者から真の価値を奪い取り、彼らを利用して個人的・経済的・政治的利益を得ようとして、何より若者を卑しめることになる武器なのです。

183　愛する若者の皆さん。美は見た目のことであると勘違いする浅薄な生き方を奨励する彼らに、あなたたちの若さを利用されないでください。それよりも、汚れてよれよれになっても、子どもたちを食べさせるための日銭を稼いだ喜びをもって帰宅する、労働者の美しさが分かるようになってください。食卓を囲む家族の交わりと、どれほどつましい食卓であろうと、自分よりも相手を気遣う心で分け合うパンには、格別の美しさがあります。自分のことや体調にかまわずに病床の夫の世話を続ける、髪を乱した初老の妻には、美しさがあります。初期の熱愛期間が過ぎ人生の秋を迎えても、愛し合う夫婦の忠実さに、また、手を取って歩く老齢の夫婦には美しさがあります。はやりの服や外見とは無縁の、地域社会や故国のための私欲のない働きや、家族の幸せのためのひたむきな労働を通して、愛をもって固有の召し出しを生きる一人ひとりには、社会に融和協調を取り戻すべく、だれにも知られず無償で困難な仕事に尽くす人には、美しさがあります。十字架上のキリストがわたしたちに感じさせてくださったそうした美を認識し、示し、強調することが、真の社会的連帯と出会いの文化の基盤を築くということです。

184　若さや外見を信仰する偽宗教の戦略と並び今日助長されているのが、神不在の精神性、共有性や苦しむ人へのかかわりを欠いた情調、貧しい人を危険な存在とみなして抱く恐怖心、実現はいつまでも延期される楽園的未来を信じ込ませるための提案の数々です。わたしはそうしたものを差し出すつもりはありませんし、そうしたイデオロギーに支配されないでほしいと、全身全霊を込めてあなたたちに忠告したいのです。それはあなたを若返らせてはくれず、ただ、奴隷にしてしまうものです。わたしは、自由と、熱意と、創造性と、新しい地平とでき、しかも養分を運び支える根を広げさせる、別の道を提案いたします。

185　この観点で強調したいことは、「西洋文化圏以外の多くのシノドス教父が、自国におけるグローバル化は、それに伴って、正真正銘の文化の植民地化をもたらしていると指摘したことです。それは若者たちから、彼らの生まれ出た文化的・宗教的現実に張られた根を引き抜いていくのです。必要なのは、彼らのアイデンティティにとってもっとも貴重なものを失うことなくこの道を歩もうとする彼らに、寄り添おうという教会の努力です(99)」。

186　現代のわたしたちは、若者を「均質化」し、出身地の違いを薄れさせ、簡単に造り変えられる大量生産物にしてしまう、そうした傾向を目撃しています。そうして、動植物の絶滅と同等に深刻な、文化の消滅が引き起こされています(100)。だからわたしは、パナマに集った先住民族の若者へのメッセージで、「ルーツを担ってください。あなたを成長させ、養い、実らせる力は、根から生じるからです(101)」と彼らを励ましたのです。

あなたと高齢者との関係

187　シノドスでは次のように語られました。「若者は未来に投射され、エネルギーとダイナミズムをもって人生に立ち向かっています。そうであるにもかかわらず、……彼らには、自らを生み出した過去の記憶、なかでも親と祖父母によって自分たちの生きる社会の文化的経験全体に受け継がれた、数々の恵みに対する関心が希薄になる傾向があります。若者が過去から鮮やかな富を見いだせるよう助ける――それらを記憶にとどめ、彼らの選択肢や可能性としてそれらを用いるように――ことは、若者の成長となすべき決断とを考慮した、彼らに対する真の愛の行為です[102]」。

188　神のことばは、その経験を受け取るために高齢者とのかかわりを失わずにいなさいと勧めています。「長老たちの集いに入って、その中に立ち、彼らの知恵を頼みとせよ。……洞察に富んだ人に出会ったら、朝早くからその人のもとへ行き、戸口の敷石がすり減るほど、足しげく通え」（シラ6・34、36）。いずれにしても、彼らが生きた長い年月と、人生で経験したあらゆる出来事を思えば、わたしたちは尊敬の念をもって高齢の人たちに目を向けるはずです。「白髪《はくはつ》の人の前では起立しなさい」（レビ19・32）。「力は若者の栄光。白髪は老人の尊厳」（箴言20・29）だからです。

189　聖書は「父に聞き従え、生みの親である父に。母が年老いても侮《あなど》ってはならない」（箴言23・22）と求めています。父母を敬いなさいという命令は「約束を伴う最初のおきて」（エフェソ6・2。出エジプト20・12、申命記5・16、レビ19・3参照）であり、「そうすれば、あなたは幸福になり、地上で長く生きることができる」（エフェソ6・3）という約束です。

190　だからといって、高齢者のいうことをうのみにしなければならないというわけでも、彼らの行動すべてに賛同しなければならないということでもありません。若者はつねに、批判的精神をもってしかるべきです。聖大バジリオは、古代ギリシアの文筆家らについて、彼らを尊敬しなさい、ただしその彼らが教えてくれるもののうち、よいものだけを受け入れなさいと、若者に勧めました[103]。これは要するに、知恵――世代から世代へと受け継がれてきたもの、人間的みじめさを受け入れて生きられるようにしてくれるもの、新たな消費と市場を前にしても消えることのないもの——を得ることに開かれているということです。

191　この世には、世代間の断絶から得られたものなどいっさいなく、今後もないでしょう。それは、ルーツのない未来、根ざすところのない未来を歌う、セイレーンの歌です。新しいものだけが、よいもの、すばらしいものと信じ込ませるのは偽りです。世代間の関係が存在するということは、共同体に集団としての記憶があるということです。各世代が先輩の教えを引き継ぎ、そうして後輩に遺産を手渡すからです。それが、次の社会をしっかりと固めるための頑丈な枠組みを築くのです。格言にあるとおりです。「若人が知り、老人に力があれば、できないことは何一つない」。

夢と幻《ヴィジョン》

192　ヨエルの預言には、それを理解させる美しいメッセージがあります。次のようにいわれています。「その後、わたしはすべての人にわが霊を注ぐ。あなたたちの息子や娘は預言し、老人は夢を見、若者は幻を見る」（ヨエル3・1。使徒言行録2・17参照）。若者と老人が聖霊に対して開かれていたならば、両者で見事な連携ができます。老人は夢を見、若者には幻《ヴィジョン》があるのです。両者はいかにして互いに補い合うのでしょうか。

193　高齢者には、記憶と、さまざまな体験の映像と、経験と年月の痕跡とで編まれた夢があります。若者たちが高齢者のそうした夢に根を張れば、未来を見ることができ、地平を開いて新たな道を示してくれる幻《ヴィジョン》を手にすることができるはずです。もし老人が夢見ないなら、若者ははっきりと地平を見ることができなくなるでしょう。

194　親世代が大切にしてきたものの中に、祖父母がわたしたちのことを思って夢見たことを想像できるような思い出を見いだすのはすばらしいことです。人間はだれしも、たとえまだ生まれ出ていない人でも、祖父母から、いい人生を送ってほしいと願う、愛と希望でいっぱいの夢という祝福を、贈り物として受け取っているのです。たとえ祖父母がそうでなかったとしても、きっと曾祖父母のだれかは、ゆりかごの子や孫を思って夢を見、喜んでいたはずです。原始の夢、わたしたちの父なる神の創造の夢は、そのすべての子らのいのちに先行し、付随しています。世代から世代へと伝え継がれるこの祝福を記憶に刻むことが尊い遺産であり、自分たちもまたそれを伝達できるよう、大切に保つすべを知っておくべきものなのです。
195 ですから、お年寄りに長いおしゃべりをしてもらうのはいいことです。夢想的で奇妙な
話のときもありますが、それは老人の夢ですし、多くは、貴重な体験、雄弁な象徴、隠れた
メッセージにあふれています。こうした話には時間がかかりますが、ＳＮＳにメッセージを
入力するわけではありませんから、辛抱強く耳を傾け、理解するために広い心でいなければ
なりません。人生に必要な知恵はどれも、現在の通信リソースの容量には到底収まり切らな
いものです。

196 『時の知恵』[104]という本の中でわたしは、疑問形でいくつかの希望を表しました。「わたし
は、自分も含めた年老いた人たちに、何を尋ねようか。記憶の守り人であってくれるかと問
おう。われわれおじいさんおばあさんは、合唱団を組まなくてはなりません。思い描くのは、
重要な霊的至聖所となる、常設合唱団としての高齢者です。嘆願の祈りと賛美の歌によって、
生活の場で働き奮闘する共同体全体を支えるのです[105]」。「若者よ、おとめよ、老人よ、幼子よ。
主のみ名を賛美せよ。主のみ名はひとり高く、威光は天地に満ちている」（詩編148・12―13）

――美しいことです。

197　わたしたち高齢者は、若者に何を与えることができるでしょうか。「勇ましい大志と危なっかしさを共存させて生きる現代の若者に、愛のない人生は不毛な人生だということを思い出させることはできるはずです[106]」。わたしたちは彼らに、何を伝えたらいいのでしょうか。「不安げな若者たちには、将来への不安は必ずや乗り越えられると伝えられるはずです[107]」。彼らに何を教えたらいいのでしょうか。「自分のことを過度に心配する若者たちに教えられることは、受けるよりも与えるほうがより多くの喜びを味わえること、愛はことばだけでなく行動でも示せるものだということです[108]」。

ともに挑む

198　「我を忘れて」、「事」に及ぶ恋は、愛とはき違えてしまっていることがとても多いのです。行為に及ぶ人、一線を越える人は、往々にして間違うものです。ここでは、マリア・ガブリエラ・ペリンの証言を紹介するのが意義深いでしょう。生まれてすぐから父親がいなかった彼女は、そのことが自分の人生に、それによって母となり今では孫も得ることとなったものの継続できなかった交際関係に、どんな影響を与えたかを振り返っています。「わたしが分かっているのは、神が物語を編まれているということです。神はその霊といつくしみの中で、わたしたちの成功も失敗も用いて、アイロニーでいっぱいの美しいタペストリーを織られるのです。この織物の裏側は、わたしたちの人生にある種々の出来事のように、からまりもつれた糸でごちゃごちゃしているかもしれません。疑いを感じているときに気になるのは、そちら側の面なのでしょう。それでも、タペストリーのきれいな面は優美な物語を示し、それが神のご覧になっている面なのです」[109]。老人たちは、人生を注意深く見れば大概、もつれた糸の裏にあるもの、そして神がわたしたちの過ちさえも創造的に用いておられることを、直感的に理解しています。

199　老いも若きもともに歩めば、わたしたちは今という時にしっかりと根を張るでしょうし、その場所から、過去や未来へ行き来するでしょう。歴史から学ぶため、なおもときどき枷《かせ》となる傷をいやすために足しげく過去へ通い、熱い思いをたきつけるため、夢を膨らませるため、預言を招くため、希望を花開かせるために、未来へとまめに通います。そのように結ばれて、わたしたちは互いから学び、胸を熱くし、福音の光で頭脳にインスピレーションを与え、自らの手に新たな力を授けることができるのです。

200　根は、わたしたちを縛りつけて、新しいものを生み出すべく今の世界の中に身を置く者とさせない、足かせとなるものではありません。むしろ、わたしたちを成長させ、新しい挑戦に立ち向かわせるための定点のようなものです。ですから必要なのは「腰かけて、懐かしみながら過去を振り返ること」ではありません。「現実的な目と愛とをもってわたしたちの文化を大切にし、福音でそれを満たさなければなりません。今日わたしたちは、新しい時代に、イエスのよい知らせを告げるために遣わされています。わたしたちの時代を、そこにある可能性と危険、喜びと悲しみ、豊かさと限界、成功と失敗を含めて愛さなければなりません」[110]。

201　シノドスの傍聴者の一人に、サモア諸島出身の若者がいました。彼は、教会はカヌーのようだ、老人が星を見て進路からそれないよう支え、若者が自分たちを待ち受ける未来を思いながら力強く漕《こ》いでいるといっていました。大人とは、もはや気にすることのない過去、終わった人たち、そう思っている若者によっても、自分たちは若者のなすべき振る舞いを完璧に知っていると思い込んでいる大人の手によっても、進路を誤らされないようにしましょう。むしろ、皆で同じカヌーに乗り込み、聖霊がもたらすつねに新たな推進力に押されて、よりよい世界をともに探し求めていきましょう。

第七章　青少年司牧

202　これまで行われてきたような青少年司牧は、社会や文化の変化の波に見舞われています。若者たちは、自分たちの不安、必要、疑問、傷に対する答えを、今までの枠組みでは見いだせずにいます。若者の存在感の強い団体や運動体の増加や拡大は、新たな道を開く聖霊の働きだと解釈できるかもしれません。ただし、そうした団体が教会全体での司牧にもっと深くかかわることも、また、活動のさらなる協調のために団体どうしの交わりをさらに深めていくことも必要です。若者への取り組みは簡単ではありませんが、彼らに福音を伝えるのは共同体全体であるという認識と、司牧計画の中で若者自身がもっと中心的な役割を演じることの緊急性、この二つの側面を強調したいと思います。

シノドス流の司牧

203　若者こそが、青少年司牧の主役だと強調しておきたいと思います。同伴と指導を受けながらも、創意をもって大胆に、かつてない新たな道を見いだすことのできる、自由な主人公です。ですからここで立ち止まり、一種の青少年司牧マニュアルや司牧実用書のようなものを提案するのは無駄ではないはずです。若者自身がもっている、他の若者の感覚や表現や問題に対応する巧みさ、才覚、知識を、よりよく用いようというものです。

204　彼らは、新しいスタイルや新しい方略を取る必要性を教えてくれます。たとえば大人は、定期で定時の集まりを開きつつ、計画どおりに進めようとしますが、今の若者は大抵、そのような司牧プログラムにはほとんど関心がありません。青少年司牧はもっと柔軟にして、毎回講義を受ける場にだけでなく、人生を分かち合い、祭儀に参加し、歌い、具体的なあかしに耳を傾け、生ける神との共同体での出会いの体験をする機会に、若者を招く必要があります。

205　一方で、実際に若者をキリストと教会に近づかせる魅力的な方法、ことば遣い、きっかけといった、効果的な実践をさらに収集することも、とても望ましいことです。「保守か革新か」、「左派か右派か」という特徴は関係ありません。大事なのは、よい結果をもたらしたものと、福音の喜びを伝えるうえで効果のあるものを、ことごとく集めることです。

206　青少年司牧はシノドス流であること、つまりは、「ともに歩むこと」を具体化すること、それ以外にはありません。それが意味するのは「聖霊が、(教会の)各成員の召命と役割に応じて与えるカリスマを、共同で責任を果たすことで生かしていくことです。……こうした精神に動かされてわたしたちは教会を、それを構成する多様性の豊かさを生かせる参加型で連帯的なものになるよう促進するのです。若者や女性を含む信徒の貢献、男女奉献生活者の協力、団体、活動体、運動体の協力を、ありがたく取り入れながらです。だれ一人排除してはならず、また自ら退く人を出してもならないのです」[111]。

207　このように互いから学ぶことで、それでこそイエス・キリストの教会である、あのすばらしい多面体をよりよく体現することができるのです。それは一枚岩の結束ではなく、みじめさをもっていたとしても、それをつねに新たにしようと聖霊が絶え間なく注ぎ続ける、色とりどりのたまもののつながりであるからこそ、若者を引き付けるのです。

208　シノドスでは、青少年司牧を刷新し、もはや機能していないやり方から脱することを目指す、数多くの具体的提案がなされました。そうしたものは、現代の若者文化との対話にはならないからです。当然、ここにそのすべてを列挙することはできません。そのいくつかは、シノドスの最終文書で読むことができます。

主たる活動方針

209　青少年司牧には二つの主たる活動方針があることを、簡単にですが強調しておきたいと思います。一つは探索で、新たな若者を主との出会いの体験に誘う招き、呼びかけのことです。もう一つは成長で、すでにその体験を経た若者に対し、成熟の道を展開することです。

210　第一の方針である探索は、若者自身の能力――彼らは人を集める魅力的な方法を見つけられます――に信頼します。彼らはイベントやスポーツ大会の組織運営ができ、メッセージ、音楽、映像、さらにその他のことを利用しての、ＳＮＳでの福音宣教にも通じています。わたしたちはただ若者を励まし、自由にしてよいと伝えるだけでよいのです。そうすれば彼らは、若者世界での宣教に熱く燃えるはずです。最初の告知は、黙想会や、カフェでの会話を通して、学内での休憩中に、あるいは神にしか分からない不思議な何らかの方法を通して、深い信仰体験を呼び覚ますことができます。ただいちばん大切なことは、若者一人ひとりが思い切って、肥沃《ひよく》な土地――すなわち他の若者の心――に、最初の告知という種を蒔《ま》くことです。

211　この探索では、親しい者どうしのことば遣いを、友達どうしで日常に使う、下心のない愛ある話し方を、優先させなければなりません。それが心を動かし、いのちに触れ、希望と願いを目覚めさせるのです。若者のもとに近づく際には、熱心な勧誘ではなく、愛の語法を携えるべきです。若者に伝わることばとは、いのちをもたらす人のことば、若者ゆえに、若者のために、そのもとにいる人のことば、自身も限界や弱さを抱えながらも、ぶれることなく信仰を生きようと努めている人のことばなのです。それと同時に、ケリュグマを現代の若者のことば遣いで具現化するために、わたしたちはもっと感覚を研ぎ澄ませるべきです。

212　成長については、重要な警告を一つしたいと思います。強烈な神体験、心揺さぶるイエスとの出会いが若者の内面で引き起こされた後に、教義や倫理問題だけが扱われる「学習」の会が提供されるということがありがちです。現代世界の悪について、教会について、社会教説について、貞操について、結婚について、産児制限について、あるいは他のテーマについての勉強会です。その結果多くの若者は辟易《へきえき》して、キリストとの出会いからもたらされた炎や、そのかたに従う喜びが失せてしまい、多くが歩みの道から離れ、またある者はがっかりして否定的になってしまうのです。教義に関する膨大な内容を伝えなければならないという焦りを静めて、それより何よりも、キリスト者の生活を支えるあのすばらしい体験をよみがえらせ、根づかせることを求めましょう。ロマーノ・グァルディーニがいったとおりです。「偉大なる愛の体験にあっては……、起きていることはことごとく、その体験との関連に終始するのです[112]」。

213　何らかの養成にかかわる企画や、青少年向けの養成講座にはもちろん、教義や倫理の養成も含めなければなりません。それと等しく重要なのは、主要な二つの軸を中心に置くことです。一つがケリュグマ、死んで復活したキリストを通した神との出会いから始まる体験を深めることです。もう一つは、兄弟愛、共同体生活、奉仕、これらを広げていくことです。

214　このことを『福音の喜び』でしばしば強調しましたが、それを思い起こしてみるのがよいでしょう。青少年司牧において「一見「確実な」養成のために、ケリュグマについてのカテケージスを放棄しようと」考えることは大きな間違いです。「この告知よりも強く、深く、確実で、密で、知恵あるものはありません。キリスト教の養成はすべて、肉となり、よりよいものとなるまでケリュグマを深めていくことです(113)」。ですから青少年司牧には、神の愛と、生きておられるイエス・キリストとに触れる、個人的体験を繰り返し味わい、深めるのを助ける機会が必須です。さまざまな手段があるはずです。あかしの分かち合い、歌、礼拝の時間、聖書を用いた霊的振り返りの時間、SNSを通じてのさまざまなきっかけもあります。ただし、主との出会いというこの歓喜の体験を、決して「教え込む」たぐいのものに置き換えてしまってはなりません。

215 そしてまた、青少年司牧のどんな企画にも、兄弟愛を深め、兄弟姉妹として生き、互いに助け合い、共同体を作り、他者に仕え、貧しい人のそばにいられるよう、若者の支援となるさまざまな手段と方法とをしっかり取り入れるべきです。兄弟愛が「新しいおきて」(ヨハネ13・34)であるならば、「律法をまっとうするもの」(ローマ13・10)であるならば、何よりも神への愛を示すものであるならば、どんな若者の養成・教育計画においても、それは重要な位置を占めるべきです。

ふさわしい環境

216 教会が関連するあらゆるところでは、温かく迎える腕を磨き、熟練する必要があります。やって来る若者の多くは、孤児のような深刻な状況にあるからです。わたしは何も、家庭のもめごとをいっているのではありません。ただ、幼児にも、青少年にも、大人にも、親にも子にも、同じように関連する、ある経験のことをいっているのです。現代の数多くのみなしご――それはわたしたち自身かもしれません――にとって、小教区や学校のような共同体は、私欲のない愛と励ましの道、肯定と成長の道を示すべきです。今日の若者の多くは、自分が挫折を受け継ぐものだという感覚をもっています。親や祖父母の夢は、不正義、社会的暴力、他人を顧みない自己本位という火刑によって、灰燼《かいじん》に帰したからです。ああ、何という根絶やし状態でしょうか。燃えかすの灰の世界で育てば、若者にとって、大きな望みや野望に燃える火を保ち続けることは簡単ではありません。意味を失った荒れ地で育ったのなら、種蒔《ま》き人として自らを犠牲とすることなど、どうしたらできるでしょうか。現代のメディア文化によって助長される、中断や根を抜かれる経験、根本的な確信が崩れる経験は、みなしごのような感覚を強く抱かせますので、互いを兄弟と感じられる、生きがいをもって過ごすことのできる魅力的な場を作ることで、それに対抗しなければなりません。

217　「わが家」を作るということは結局、「家族を作るということです。功利的かつ機能的な結束力をしのぐ、もう少し人間らしい生活が感じられるよう結ばれた、他者との一体感を知ることです。わが家、「交わりの家」を築くとは、預言が実現するようにすること、そしてもてなしの心に欠けない、無関心や無名性を封じた時間をもち、日々を過ごすということです。それは、だれもができる単純で日常的な行為で作るきずなを結ぶことです。だれもがよく分かっていることですが、家族であるには全員の協力が必要です。一人ひとりがこの家を作り上げるために必要な石材なのですから、だれ一人として、関係のない人、部外者であるはずがないのです。それには、忍耐を覚え、互いにゆるし合うすべを身に着け、毎日新しく出発できる恵みを与えてくださるよう主に願うことも含まれます。では何度ゆるし、やり直すのでしょうか。七の七十倍、必要なかぎり何度でもです。強固な関係を築くには、忍耐とゆるしによって日々養われる信頼が必要です。そうして、その場所で新たに生み出されることを体験するという奇跡が実現されるのです。そこにおいて、わたしたちは皆、再び生まれるのです。神からの愛撫を感じるからであり、それによってわたしたちはもっとも人間らしい方法で、つまりもっと神のように、夢見ることができるようになるのです[114]」。

218　この枠組みでいえば、わたしたちの機関では若者に、彼らが自分の好きなように利用できるにふさわしい、自由に出入りできる場所を提供しなければなりません。彼らを歓迎する場所、しかも自分の自由意志で行くことのできる場所、苦しいときも悩んでいるときも、喜びをともに祝いたいときも、仲間の若者に会えると信じて行くことのできる場所を提供するのです。そのいくつかは、一部の教会施設や青少年センターによって、すでに実現されています。多くの場合そうした場所は、若者が友情や恋愛を経験する雰囲気になっており、出会いの場であり、音楽や、娯楽や、スポーツ、さらに黙想会や祈りの会などを一緒に行う場所となっています。わずかな補助金で、しかしさまざまな賛助者を得て運営されています。このようにして、いかなる司牧の方策や戦略でも代用できない、人から人という伝達が欠かせないあのメッセージに、道が開かれるのです。

219「多少なりとも組織だっている集団内にありがちな友情や対立は、評価や判定を受けることのない状況の中で、社会性や、人間関係に必要な能力を鍛える機会となります。集団の体験は、信仰を分かち合い、あかしをする互いを助け合うのに有用な方策も生み出します。若者は、他の若者を導き、友人の中で真の使徒職を生きることができるのです(115)」。

220　だからといってそれは、小教区共同体や、運動体、他の教会機関とのかかわりから離れたり、それを断つということではありません。むしろそれらは、開かれて、信仰を生きていて、イエス・キリストの光を放とうと切に願い、喜んで、自由で、兄弟愛をもち、社会に参与している、そうした共同体の中に、よりよいかたちで加えられていくはずです。そうした共同体は、人との大切な関係をはぐくむことができるだろうと若者に感じさせる道となりえます。

教育機関での司牧

221　学校はまぎれもなく、少年少女や青年との距離を縮めるための舞台です。個人の成長にとって優先的な場であるからこそ、キリスト教共同体は、教師や経営陣の養成を通してであったり、あるいはあらゆる種類や段階の学校を自前で設立したりすることなどによって、そこに強い関心を向けてきたのです。この分野で聖霊は、数えきれないほどのカリスマと、聖性のあかしをもたらしてきました。しかし、いつまでも残る信仰体験は生みにくい、宗教科の授業に特化したものが多いその司牧活動の結果を見れば、学校には早急な反省が必要です。さらにいえば、ただ存続していくためだけに運営しているようなカトリック校もあります。変革恐怖症とは、不確かなことには耐えられず、あらゆる変化に付きものの、実際あるいは見通し上の危険から身を引くことです。「部外者がもたらす」誤りから生徒を守る「防空拠」に変わってしまった学校には、滑稽なほどこの傾向が顕著です。このイメージは、多くの若者が教育機関を卒業すると味わうものを、まざまざと映し出しています。それは、教えられてきたことと実際の世界との、埋められないほどの違いです。宗教や道徳に関して受け取ってきたことも、自分を物笑いの種にするような世界に向き合う準備にはならないのです。それに、このテンポの速い社会の中で造作なく続けられる、祈りや信仰の実践方法を身に着けていないのです。実際、生徒が強者の側に、社会適応者に、主役に、与える側になるということが、教育者のいちばんの満足に加えられてしまっているのではないでしょうか。

222　カトリック校は、若者の福音化のためには欠かすことのできない場であり続けています。宣教へと「出向いて行く」学校や大学の刷新と復活のための使徒憲章『真理の喜び』で指摘した、ヒントとなるいくつかの基準点を考慮することが重要です。ケリュグマの体験、あらゆるレベルでの対話、専門をまたぐ学際性、出会いの文化の促進、「ネットワークを作る」緊急の必要性、底辺に置かれた人、社会が排除し廃棄する人を優先することなどです(116)。ほかにも、頭にある知識と、心、そして手による行為とを、一つに結ぶ能力も大切です。

223　その一方で、霊的な養成を教養の習得から切り離してはなりません。教会はずっと、若者のために、むしろ教養を身に着ける場を広げようとしてきました。若者にはそれを受け取る権利があるのですから、教会はその手を止めてはなりません。「現代世界では、とりわけ、教養を得る権利は、知恵――人間のものであり、人間性を高める知識――を守ることとされています。わたしたちは凡庸で刹那的な生き方に左右されがちで、そうなると、犠牲を払うことを見下して、低コストでの成功を求めるようになり、すぐ何か具体的なものをもたらさないのであれば勉学は無駄だという考えを教え込むのです。そうではないのです。勉学によってわたしたちは、問いを探求し、凡庸さによって麻痺させられなくなり、人生の意味を求めるようになるのです。今日、多数のセイレーンによってこうした探究から離れさせられないよう、権利を要求するべきです。オデュッセウスは、船乗りたちの心を奪って岩礁に船を衝突させて打ち砕く、セイレーンの歌声に抑え込まれないようにと、船の帆柱に自らをくくり、乗組員の耳をふさぎました。ところがオルフェウスは、セイレーンの歌に抗するため、別のことをしました。セイレーンをも魅了する美しいメロディを奏でたのです。さあ、これこそあなたたちの大きな役目です。文化と化した消費主義の惑わせるリフレインに対し、ダイナミックで強い選択をもって、探究と知恵と共有とで対抗するのです(117)」。

司牧の展開のための種々の分野

224　多くの若者は、沈黙と、神との密な時間とを味わうことが身に着いています。聖体を礼拝し、神のことばを用いて祈るためのグループも増えてきました。若者は観想の機会に開かれるのが苦手であるかのように、彼らを見下してはなりません。そのような価値の高い経験ができるよう彼らを助ける、適切なスタイルや方法を見つけてあげさえすればよいのです。礼拝と祈りの場についていえるのは、「種々異なる背景をもっていながらも若いカトリック信者は、生き生きとした、真正で、しかも喜びにあふれた典礼を通して日常生活を見つめ直すことのできる、祈りへの誘いと秘跡の機会を求めている」(118)ということです。典礼暦年における重要な時期、なかでも、聖週間、聖霊降臨、降誕祭を生かすことが大切です。若者たちは、ほかにも、繰り返しに過ぎない日常を打ち破り、信仰の喜びを味わわせてくれる、お祭りのような集まりも好みます。

225　成長のため、さらには信仰と愛という神のたまものに開かれるための、絶好の機会が奉仕活動です。多くの若者が、他者、とくに子どもや貧しい人の力になれるということに関心をもっています。こうした奉仕が、キリスト教と教会生活との出会い、あるいはその再発見のきっかけとなることは、よくあります。多くの若者は、わたしたちの要理教育コース――霊的養成も含め――にうんざりしていて、人のためになるような活動で、もっと中心的な役割を果たせないかと訴えることもあります。

226　舞台芸術や絵画などの、芸術表現も忘れてはなりません。「きわめて特別であるのは、音楽の重要性です。音楽は、若者が始終浸っている実際の環境であり、文化であり、気分を盛り上げるもので、自分らしくあるための言語なのです。音楽言語はまた、とくに、典礼とその刷新を問う司牧手段でもあります」(119)。歌は若者が歩を進めるための、大きな原動力となるはずです。聖アウグスティヌスはいいました。「歌いなさい。しかし、歩み続けなさい。歌うことで労苦を慰めるために。怠惰を好んではなりません。歌いなさい。そして、歩き続けなさい。……もし前進していれば、あなたは歩き続けているのです。しかし、善に向かって前進しなさい。正しい信仰に向かって前進しなさい。善い振舞いに向かって前進しなさい。歌いなさい。そして、歩き続けなさい」(120)。

227 「同じく重要なのは、若者の間ではとくにスポーツが浸透しているということです。教会は、教育と訓練という観点からスポーツのもつ可能性を見くびってはなりませんし、その分野で存在感を示すべきです。スポーツの世界には、勝利者の伝説化や、商業論理への服従、絶対的勝利主義といった、そこにあるあいまいさを乗り越えるための助けが必要です[121]」。スポーツ体験の根底にあるのは「喜びです。身体を動かす喜び、皆でするという喜び、生きている喜び、創造主が日々わたしたちに与えてくださる恵みです[122]」。一方、ある教父たちは、勇気の徳を鍛え、たるんだ気持ちや怠け心に打ち勝てるよう若者に促すために、スポーツを手本としてきました。聖大バジリオは、若者に向けて、運動競技の求める努力を例に取って、徳を高めるために犠牲を払う力を彼らにたたき込みました。「何日も何日も、あらゆる手段で自己の体力向上を目指して懸命に努力を重ね、練習場ではつらい練習に汗を流し、……つまり、大事な試合の前の期間は、練習のためのものにほかならず、……勝利の冠を得るために肉体と精神のもてるすべてを尽くしているのだ。……ならば、来世にて、筆舌に尽くしがたい稀有な賞典を手にすることを期待しているわたしたちが、ぜいたくを重ねて不精に生活して、果たして、その手でそれらを手にすることができると思っているのか[123]」。

228　少年少女や青年の多くは、被造物との関係に強い関心をもっており、環境保護に敏感です。自然体験学習、キャンプ、ハイキング、遠足、環境保護運動などを企画する、ボーイスカウトやガールスカウト、その他のグループでの例にあるとおりです。アッシジの聖フランシスコの精神にあって、これらは、万物を兄弟とし、観想的な祈りをする学派入門の手段となりうる経験です。

229　そうしたものや、若者の福音化に開かれている手段の数々があったとしても、忘れてはなりません。どんなに時代が変わろうと、若者の感覚が変わろうと、神からのプレゼントがあるのです。それらは、古びることなく、すべての時代とすべての状況を超越した力を備えたものです。すなわち、生きて働き続ける主のことば、わたしたちを養う聖体におけるキリストの現存、わたしたちに解放と力をもたらすゆるしの秘跡です。また、聖人のあかしや、優れた霊的教師の教えによって、教会が守り続けてきた無尽蔵の霊的宝も忘れてはなりません。さまざまな段階を大切にしなければなりませんし、場合によっては、ふさわしい時期を辛抱強く待たなければならないとしても、若者を、新しい生き方を生むこうした泉に招かずにはいられませんし、こんなによいものを彼らから奪う権利などわたしたちにはないのです。

大衆的な青少年司牧

230　小教区や運動体による型どおりの通常の司牧活動に加え、「大衆的な青少年司牧」に機会を与えることがとても重要です。これには、まったく異なるスタイル、異なる時間割、別の進行速度、別の方法論があります。実際に若者が活動している多種多様な場において、彼らに自然に生じるリーダーシップと、すでに聖霊が彼らに植えているカリスマを刺激するような、広範で柔軟な司牧で成るものです。何より重要なのは、地域社会やさまざまな環境で、自然と指導的立場に立つ若い信者に対し、あまり妨害したり、規則を加えたりせず、管理、規制をしないことです。わたしたちは出しゃばらず、彼らに寄り添い励ますだけでよいのです。望みのままに働いておられる聖霊のひらめきをもっと信頼しなければなりません。

231　エリートでも少数精鋭の限定者でもない、真の意味で「大衆的な」リーダーについて語っているのです。若者世界で大衆的な司牧が生み出されるためには、「彼らが民衆の感覚に聴診器を当て、民衆の代弁者となり、彼らの地位向上のために活動する、そうしたことを身に着けていること」[124]が必要です。「民衆」について語る際には、それを社会構造や教会組織と解してはなりません。そうではなくそれは、個々バラバラにではなく、皆のために、皆で編まれた共同体として、旅する人間の集合体のことです。しかも、もっとも貧しい人、弱い立場の人を後方に残しはしない共同体です。「民は、万人が共通善に参画することを望み、それゆえに、皆がともにたどり着けるよう、いちばん歩みの遅い人に合わせることを是認する」[125]。ですから大衆的なリーダーとは、貧しい人も、弱い人も、障害者も、傷を負っている人も含めて、すべての人を若者の行進に巻き込む力量をもった人のことです。そうした人は、傷を抱え十字架を背負う若者を、煙たく思ったり、恐れたりしません。

232　その流れでいうと、キリスト教の家庭や施設で育っていない若者や、成熟に遅れのある若者にはとくに、可能なかぎりよい刺激を与えねばなりません[126]。キリストはわたしたちが、すべてよい麦だけにしようとすることをいさめておられます（マタイ13・24―30参照）。この世俗から懸け離れ、どんな汚れもつかないよう守られた、純な無菌室のような、抽象的概念の濃い青年司牧をしばしば求めることで、わたしたちは福音を、味のしない、訳のわからない、何の親しみも覚えない、若者文化とは懸け離れた、人とは違うという意識でいながら実際はいのちも実りもなく、孤立して漂っているにすぎない若いエリート信者にしか合わないような提案にしてしまうことがあります。そうしてわたしたちは、嫌がって抜く毒麦と一緒に、囲いの中で育てようとしているたくさんの芽を引き抜いたり、枯らしてしまったりすることになるのです。

233　「キリスト教に、窮屈さと説教くさいイメージを与える一連の規則で、彼らを息苦しくさせる」よりも、「わたしたちが招かれているのは、過ちも、失敗も、難局も、彼らの人間性を高める経験だと固く信じて、彼らの大胆さに投資すること、自らの責務を果たすよう彼らに教えることです(127)」。

234　シノドスでは、あらゆるタイプの若者が居場所を得られ、わたしたちそれぞれが扉を開いたままの教会だと示せる、そうした共生の場を生み出しうる青少年司牧の創出が求められました。それに、わたしたちのもっている若者向けの場のどれかに参加するにあたって、教会の教えをすべて完璧に受け入れる必要もないのです。神が明かしてくださる真実に、その身を触れていただきたいとの望みと期待を抱くすべての人に対する、開かれた姿勢があれば十分です。いくつかの司牧計画では、信仰の歩みをある程度経ていることが条件となっているかもしれません。ですがわたしたちには、扉を開いて、すべての人――疑いや、トラウマや、問題を抱える人、自己のアイデンティティを模索中の人、過ちを犯している人、言い訳を重ね取り繕う人、罪を犯した人、困難を抱えたすべての人――一人ひとりに居場所を用意する、そうした大衆的な青少年司牧が必要なのです。

235 「異なる人生観をもつ人、他の信仰を告白する人、宗教的地平とは無縁だと自認する人、その人たちすべて」のための場所がなければなりません。「一人の例外もなく、すべての若者は神のみ心のうちにあるのですから、教会の心のうちにあるのです。ですが、口先でのこうした主張が、わたしたちの司牧活動において必ずしも実際に表されているとはいえないということを、率直に認めるべきです。大抵は、彼らの声の届かない、自分のグループに閉じこもっていたり、面倒が少ない割りにやりがいが感じられる活動にばかり身を入れたり、安全と思い込んでいる場から離れて外に向かわせてくれる、司牧上のあの健全な落ち着きのなさをもみ消してしまいがちです。けれども、挑んでほしい、やりたいと思ってほしいと福音が求めているのは、思い上がらず、無理強いな勧誘はせずに、主の愛をあかしし、世界のすべての若者に手を差し伸べることです(128)」。

236　青少年司牧が、エリートのものであることをやめて、「大衆的」であることを引き受けるならば、じっくりと、丁重で、粘り強く、望みを抱き、疲れを知らない、思いやりある歩みとなります。シノドスでは、青少年司牧で起こることの一例になりうるものとして、エマオの弟子たちの例（ルカ24・13―35参照）が示されました。

237　「起きている出来事の意味を理解できないままエルサレムと共同体を離れていこうとしている二人の弟子とともに、イエスは歩いておられます。彼らと一緒にいようとして、彼らとともにその道を歩んでおられます。イエスは、彼らが何を体験しているのか気づけるよう手を貸そうと、出来事についての彼らの見解を尋ね、辛抱強く耳を傾けておられます。それから、愛と力をもって彼らにみことばを告げ、彼らが経験した出来事を聖書に照らして読み解けるよう導いておられます。日暮れには、一緒に泊まりませんかという招きにこたえてくださいます。つまり、彼らの闇夜にお入りになるのです。耳を傾けてもらうことで、彼らの心は熱くなり、頭がさえ、パンの分割によって、その目は開かれます。彼らはすぐさま踵《きびす》を返して、共同体に戻り、復活した主との出会いの体験を分かち合うことを、自らの手で選び取るのです[129]」。

238 巡礼に代表される、さまざまな表現をもつ民間信心は、教会組織に入りにくさを感じがちな若者にとって魅力的なもので、それは神への信頼の具体的な表れです。神探求のこうした表現形式は、貧しい若者たちの間で顕著なものですが、別の社会階層にも見られますし、見下されるものではなく、むしろ奨励されるべきものです。というのも民間信心は「信仰を生きるうえで正しい方法であり[130]」、「神の民の自発的な宣教活動の……表現[131]」だからです。

つねに宣教者として

239 若者が宣教者となるのに、長い旅を経る必要はないということを、覚えておきたいと思います。どれだけ弱い人でも、障害者も、傷を負っている人も、それぞれのかたちで宣教者となるはずです。そこにたくさんのもろさが共存していたとしても、よいものを伝えるということをいつも可能にしていなければなりません。助けを求めて聖母巡礼へと向かい、友や恋人を誘う若者は、その単純な行為によって、尊い宣教活動を果たしていることになります。大衆的な青少年司牧に加え、それと不可分の関係にある大衆的な宣教があります。教会の枠組みをことごとく乗り越えていく、制御不能なものです。過度にそれを統制しようとするのではなく、寄り添い、励ますべきです。

240　聖霊が語っておられることに耳を傾けることができるならば、青少年司牧はつねに宣教司牧でなければならないということに、気づかないはずはありません。若者が本当に豊かになるのは、内気を克服し、外に出て家を訪ねる勇気をもったときです。そうして彼らは人々の生活に触れ、自分の家族や仲間以外に目を向けることを学び、もっと広い見方で人生を理解するようになるのです。それと同時に、信仰と、教会への帰属意識も強まるのです。準備期間を経て、多くは休暇中に行われる若者による宣教は、新たな信仰体験や、さらには召命についての真剣なひらめきを呼び起こしうるものです。

241　若者は、実に多様な分野で、新しい宣教のかたちを生み出すことができます。たとえば、

ＳＮＳには十分慣れ親しんでいるのですから、そこが神、兄弟愛、社会貢献についての書き込みで埋め尽くされるよう、彼らに呼びかけなければなりません。

大人による同伴

242　彼らの自由意志が尊重されなければなりませんが、若者には、同伴もまた必要です。家庭は、寄り添う立場として第一のものです。青少年司牧は、キリストを基礎とした人生設計を提示しています。岩の上に立つ家を建てる、つまり家をもつことです（マタイ7・24―25参照）。大抵の若者にとっては、その家、その計画は、結婚と夫婦の愛を通して実現するものです。ですから召命の歩みに適切に寄り添うためにも、青少年司牧と家庭司牧には、連携し一体となって働く、自然な連続性をもたせることが必要です。

243　若者に寄り添うということにおいて、共同体は重要な役割を果たします。ですから、彼らを迎え、彼らにやる気を出させ、彼らを力づけ、駆り立てる責任を感じるべきは、共同体全体です。これは、共感と、敬意と、愛情をもって若者に目を掛けるということ、そしていつまでも彼らを裁いたり、年齢に不相応な完璧さを求めたりはしない、ということを含んでいます。

244　シノドスでは、「同伴の専門家や専従者が不足していることを、多くの人が指摘しました。傾聴の神学的・司牧的価値を信じるならば、祭司職の通常の遂行方法の刷新のための再考と、優先順位の見直しもしなければなりません。さらにシノドスは、男女双方の奉献生活者と信徒を養成し、若者の同伴者としての適性を身に着けてもらう必要性も認識しています。聖霊が共同体の中にもたらす傾聴のたまものは、教会への奉仕として、認証制度のかたちを取ってもよいかもしれません[132]」。

245　加えて、リーダーとしての能力を発揮し始めた若者には、とくに寄り添う必要があります。彼らが養成され適格者となるようにです。シノドスが開催される前に集まった若者たちは、「リーダーとしての若者の教育と継続的養成のためのリーダーシッププログラム」の開発を希望していました。「教会内には女性のリーダーという例がもっと必要だと感じている女子たちもいて、彼女らは自分の知的・専門的能力をもって、教会に貢献したいと思っています。わたしたちは、神学生や男女修道者はもっと、リーダーの役割を担う若者に寄り添えるのではないかとも思っています[133]」。

246　まさに若者自身がわたしたちに、同伴者にもっていてほしい特性を説明してくれ、それを明確に表明しました。「そうしたメンターの資質は、次のとおりです。教会と世の中とに献身的である真のキリスト者であること、たゆむことなく聖性を求めている人、裁かずに理解しようとする人、若者の必要に積極的に耳を傾け親切にこたえられる人、温厚で自分をよく知っている人、自分の限界が分かる人、そして、霊的道程に伴う喜びと苦しみを知る人です。メンターにおいてもっとも重要な特性は、己の人間性を自覚できるかどうかということです。自分は人間であり過ちを犯す者であること、不完全な者でゆるされた罪人だと自覚する者だということです。メンターはあがめたてられることもあり、それだから彼らがつまずいてしまうと、教会に貢献したいという若者の力に大打撃を与えることになります。メンターは若者を、言いなりになる家来にしてはいけません。そうではなく、彼らの傍らに寄り添って歩み、彼らが自身のやり方で主役となれるようにすべきです。若者が識別の過程においてもっている自由を尊重し、最善を尽くせる手だてを差し出さなければなりません。メンターは、教会生活に加わるための若者各人の能力を真摯に信頼しなければなりません。ですからメンターは、聖霊のわざによる実りをすぐに得ようとせず、ただ、若者に信仰の種を植えるだけでよいのです。この役割は、何も司祭と奉献生活者だけで行うべきものではなく、信徒もそれを同様に担う権限を有するべきです。いずれにせよこの役割を負うメンターは皆、しっかりとした基礎教育を受け、養成を受け続けなければなりません(134)」。

247　まぎれもなく教会の教育機関は、多くの若者を導くことができる、寄り添う共同体という環境です。とくに、「宗教上の選択や、文化的背景、個人や家庭の事情、社会的状況が何であれ、すべての若者を受け入れようとする」ときにこそ、導くことができます。「そうして教会は、世界の実にさまざまな場所で、若者への総合的な教育に本質的な貢献を行うのです(135)」。カトリック校は、生徒の入学や在籍に厳しい基準を設けてしまえば、自分たちの職務を不適当に減らしてしまうことになります。彼らの人生を豊かにしようと助ける寄り添いを、多くの若者から奪ってしまうことになるからです。

第八章　召　命

248　「召命」という語は、神からの呼びかけとして、幅広い意味で解しうるものです。それは、いのちへの招きも、ご自分との友情への招きも、聖性への招きも含む、さまざまなものを意味します。これは貴重なものです。わたしたちの生涯全体を、わたしたちを愛してくださる神の真正面に据え、意味のない混沌の産物であるものなど何もないこと、すべてのものが、わたしたちのためにすばらしい計画を用意してくださる主にこたえる道へと組み込まれるはずであると、わたしたちに理解させてくれるからです。

249　使徒的勧告『喜びに喜べ』でわたしは、もっと神に栄光を帰すために、すべての召命についてしっかり語りたく、「現代に合った実際的なしかたで、危険、挑戦、機会も含めた聖性への呼びかけを、あらためて響かせること」[136]に努めました。第二バチカン公会議は、一人ひとりに向けられているこの呼びかけをあらためて自覚できるよう助けてくれます。「すべてのキリスト信者は、どのような生活条件と身分にあっても、各自自分の道において、父自身が完全にもっている聖性に達するよう主から招かれている」[137]。

あのかたとの友情への召し出し

250　基本的なこととして押さえておきたいのは、イエスが、若者それぞれに対して望んでおられるのは、何よりもご自分への友情だということを、識別し、分かっておくことです。それこそが、基本となる識別です。復活した主とその友シモン・ペトロとの会話には、重要な問いがあります。「ヨハネの子シモン、わたしを愛しているか」（ヨハネ21・16）。つまりこういうことです――友として愛しているのか。ペトロがイエスの羊と子羊の世話をすべく受けた使命は、どんなときも、この裏のない愛に、この友愛に結ばれているのです。

251　また、その逆の例が必要ならば、主と金持ちの青年との、出会えない出会いについて思い出してみましょう。それは、その青年が手にし損ねたものは、主の愛あるまなざしだったということを、はっきりと伝えています（マルコ10・21参照）。この人は、よいひらめきを得ていたのに、悲しみつつ去ることになりました。たくさんの財産を手放すことができなかったからです（マタイ19・22参照）。彼は、必ずやすばらしい友情となったであろうチャンスを逃してしまいました。わたしたちは、イエスが愛をもって見つめ手を差し伸べた相手、ほかのだれでもないあの若者が、わたしたちのためにしてくれるはずだったもの、人類のためにしてくれるはずだったものを、知らずにいるのです。

252　「イエスがわたしたちにくださる人生は愛の物語であり、わたしたちと溶け合いたい、各人の地に根づきたいと望む、いのちの物語です。そのいのちは、「クラウド上」でダウンロードされるのを待つ救済でもないですし、発表前の新しい「アプリ」でもないですし、自己啓発法で獲得されたメンタルエクササイズでもありません。神がわたしたちにくださるいのちは、最新のものを学ぶための「チュートリアル」でもありません。神がお与えになる救いは、わたしたちの人生とで編まれている愛の物語に加わるようにという召し出しなのです。わたしたちが置かれている場で、ありのままの自分として、ともにいる人々と協力して実を結べるようにと、わたしたちの間で生きておられ、そこに生まれ出たいと願っておられるかたの物語です。その場所に主は来られ、植えようと、ご自分をここに結ぼうとしておられるのです[138]」。

他者のためにあるあなたの存在

253　ここで、他者への宣教奉仕に召し出されるという、狭義において理解される召命に注意を向けたいと思います。わたしたちは、自分が受け取った能力を基に共通善に寄与することで、主の創造のわざに加わるよう呼ばれています。

254　この、宣教者の召命は、他者への奉仕とかかわりがあるのです。地上にあるわたしたちのいのちが充満に達するのは、それを差し出すときだからです。忘れないでください。「わたしにとって民のただ中での福音宣教とは、生活の一部分でも、取り外せる装飾品でもなく、人生の中の付録でも、ちょっとした時間のことでもありません。それは、わたしという存在から、それこそ自己破壊を望むのでもなければ取り除くことのできないものです。わたしはこの地上に派遣されているのです。そのために、わたしはこの世にあるのです[139]」。ですから、司牧はどれも神からの召し出しであり、教育はどれも神からの召し出しであり、どんな霊性も神からの召し出しである、そのように考えられるはずです。

255　あなたの召命は、単純に、あなたの果たすべき職務――もちろんそれによって表されるものですが――だけで成るものではありません。それ以上のものです。多くの努力や数々の行為を、仕えることへと向かわせる道筋なのです。だから召命の識別において重要なのは、社会に対するそうした具体的な奉仕に必要な資質が、自分にあると気づけるかどうかです。

256　それにより、そのような任務にはとても大きな意義が生じるのです。それらが、お金を稼ぐため、無為に過ごさないため、他者を喜ばせるためといった、もろもろの行為の積み重ねであることをやめるからです。わたしたちは呼ばれたのだから、そうしたことすべてが召命になるのであり、そこにはわたしたちの実用的な選択以上のものがあるのです。究極的には、なぜ自分が造られたのか、この地上で何をして過ごすのか、わたしの人生に主が望むものは何かを、知るということです。主はわたしに、場所や時や詳細を、すべて伝えてはくださいません。それらはわたしが賢明に選択するものです。ただし、主はわたしの創造主、わたしの陶工であられるのですから、わたしに示してくださる人生の指針があるはずで、わたしは、主によって形成され、主に導かれるために、その声に耳を傾けなければなりません。それができれば、わたしはなるべき自分になり、自分に固有の現実に対してまっすぐに向き合えるでしょう。

257　自分の召命を果たすためには、自分というもののすべてを成長させ、芽を出させ、実らせる必要があります。それは自分を生み出すことではなく、何もないところから自分を創造することではなく、神に照らして自らを発見することであり、己のいのちを開花させることです。「神の計画によって、どんな人も自己の実現に召されています。というのは、それぞれのいのちは神からの召し出しだからです」(140)。あなたの召命は、神の栄光と他者の幸せのために、あなたの中にある最高のものを引き出せるよう導きます。ただ実行すればいいということではなく、それを、意義づけをもって、目的意識をもって行うかどうか、ということなのです。これについて聖アルベルト・ウルタドは、進むべき方向をもっと真剣に判断するよう若者たちに伝えました。「船では、ぼんやりしている水先案内人は即刻解雇されます。彼が手にしているものは、本当に神聖なものだからです。人生も同じです。行き先に注意を払っているでしょうか。あなたの行き先はどこですか。この判断についてもっと深く考えなければならないのであれば、皆さん一人ひとりに対して心から願います。どうか、それを最重要検討事項としてください。正しい選択は成功に等しく、誤った選択は即失敗だからです(141)」。

258　すべての若者のいのちに埋められているこの「他者のためのいのち」は、通常、二つの基本的なことがらに関係しています。新たな家庭を築くこと、そして仕事をもつことです。これら二つが、若者に不安と期待を抱かせる重要なテーマであることが、彼らに対して実施されたさまざまな調査によって、繰り返し確認されています。どちらも、しっかりと識別すべきテーマです。それらについて、ここで少し見ていきましょう。

愛と家庭

259　若者は、愛への呼び出しをひしと感じています。そして、家庭をもち、ともに人生を築くのにふさわしい相手が見つかることを夢見ています。まごうことなくこれは、感情、欲望、夢を通して神ご自身が示してくださる、一つの召命です。このテーマについては使徒的勧告『愛のよろこび』で存分に語りましたので、とくにその第四章と第五章を読んでくださるようすべての若者に勧めます。

260　わたしは次のように考えるのが好きです。「夫婦となる二人のキリスト者は、二人だけの愛の物語に主の召し出しを感じたのです。男と女の二人で一つのからだ、一つのいのちを築くようにという、召命です。そして結婚の秘跡がこの愛を神の恵みで包み込み、それを神ご自身に根ざすようにさせるのです。この恵みにより、この召し出しへの確信により、あなたたちは安心して始めることができます。何も心配ありません。あらゆることに、二人で立ち向かっていけるのですから(142)」。

261　これについて思うのは、神はわたしたちを性あるものとしてお造りになったということです。神ご自身が「性をお造りになったのであり、それを有する被造物にとって、それはすばらしい贈り物なのです」[143]。結婚という召命において認識すべきこと、感謝すべきことは、「性、性行動は、神からの贈り物だということです。タブーではありません。神がお与えになったもの、主がくださったプレゼントです。そこには二つの意図があります。愛し合うことと、いのちを生むことです。それは情熱であり、熱い愛です。真実の愛とは熱烈なものです。男女間の愛は燃え上がると、必ずやあなたを、いのちを差し出すところまで連れていきます。必ずです。身も心ももっていのちを差し出すのです」[144]。

262　シノドスは強調しました。「家庭は今も、若者にとって第一のよりどころであり続けています。子どもは、親からの愛と世話のありがたさを十分理解しており、家族とのきずなを大切にしていて、自分もよい家庭を築きたいと願っています。別居、離婚、再婚、ひとり親家庭などの増加は、若い人に大きな苦しみやアイデンティティの危機をもたらしうるものです。年齢にそぐわない重い責任を負わなければならないことや、早く大人にならざるをえないこともあります。しばしば祖父母は、情緒面や信仰教育において、決定的な貢献をします。彼らはその知恵をもって、世代間の関係を結ぶ決定的な留め具なのです」[145]。

263　自分の家庭で味わうそうしたつらさによって、多くの若者が、新しい家庭を築くこと、忠実であること、真心を尽くすことが、果たして意義あることなのかと疑問に思うようになっているのは本当です。そのとおり、意義があることだと申し上げたい。家庭にはそのために苦労するだけの価値があり、成熟のための最上の動機と、分かち合うべき極上の喜びを見いだせるはずです。本気の愛を奪われてはなりません。最終的には孤立あるいはもっとひどい孤独に至らしめることになる、個人主義的な放埓《ほうらつ》生活へと誘う人々にだまされないでください。

264　現代は、刹那的な文化、幻覚にすぎないものが支配しています。決定的なことなど何もないと考えることは、ごまかしであり嘘です。しばしば「今どき結婚は「時代後れ」」だという人たちがいます。……刹那的な文化、相対的な文化では、大切なのは今を「楽しむ」ことで、生涯をかけたり、決定的な選択をしたりすることに価値はないと、多くの人がいさめます。……それに抗《あらが》って、わたしは皆さんにお願いします。革命家となってください。時流に逆らってください。そうです。この点についてお願いします。責任を取ることなどできない、真に愛することなどできない、そもそもそう信じるこの刹那的な文化に対し、反乱を起こしてください」[146]。わたしは皆さんを信頼しています。ですから、結婚という選択へと、皆さんを力づけるのです。

265　結婚には準備が必要で、それには自己認識力を高め、美徳を、しかもとりわけ愛、忍耐力、対話や奉仕の能力を育てることが求められています。自分の性行動を律することも含んでいます。そうすればそれは、相手を自分の道具にするのではなく、相手に惜しみなくわが身をささげ尽くす力を高めてくれます。

266　コロンビアの司教団はわたしたちに教えてくれました。「キリストは、夫婦が完璧ではないこと、夫婦の愛が深まり続いていくには、そのもろさと移り気を乗り越える必要があることをご存じです。だから夫婦に、ご自分の恵みを授けてくださいます。その恵みは、神の計画に従った結婚生活による自分たちの将来設計を実現していくための、光であり力でもあります」[147]。

267　結婚や奉献生活への呼びかけを受けていない人にとって、つねに胸に置くべきは、第一にして最重要な召命とは、洗礼による召し出しだということです。独身者は、たとえそれを自身で選んだのではないにしても、その人個人の成長という固有の歩みの中で、その召命の特別なあかし人となれるはずです。

仕事

268　米国の司教団は明確に指摘しました。若者は成人すると「ほとんどの場合は、一人の人間として労働の世界に加わるようになります。「お仕事は何ですか」、これは、会話に必ず上る話題です。それほど、仕事は彼らの生活の大きな部分を占めているのです。若い成人にとって、その経験は実に流動的です。彼らは次々に勤務先を変え、それどころか職種までもころころ変えるからです。仕事は、彼らの時間の使い方にかかわり、できることや買えるものを左右しうるものです。また、余暇の質や量にもかかわりうるものです。仕事は、若い成人の自己同一性や自己概念を規定し、それに影響を与えるもので、ふつう仕事は独りでするものではありませんから、友情やその他の関係が育つ第一の場となっています。若者は仕事を、役目を果たすこと、有意義なものだと語っています。仕事のおかげで若い成人は自分の現実的要求を満たせるのですが、それ以上に大切なのは、生きがいを求めることや、夢や幻《ヴィジョン》を実現しようとすることです。仕事では夢の実現はかなわないかもしれませんが、若い成人にとって大切なのは、あこがれを膨らませること、本当にその人らしく、その人の人生にとって納得できるかたちで仕事を学ぶこと、そして神からの呼びかけを識別し続けることなのです[148]」。

269　働かず、だれかの助けに頼る生活を考えることのないよう、若者の皆さんにお願いします。それはよくないことです。「働くことは一つの必然であり、地上における生の意味の一部であり、成長や人間的発達や人格的完成への小路です。その意味で、貧しい人々への金銭的援助はつねに、差し迫った必要にこたえる、当座の解決策でなければなりません[149]」。それゆえ「キリスト教の霊的伝統は、アッシジの聖フランシスコに見られる、被造界の畏敬に満ちた観想と並んで、福者シャルル・ド・フーコーとその仲間たちの生涯を例とする、働くことの意味についての豊かで健全な理解を発展させてきました[150]」。

270　シノドスは、労働の世界には「種々の形態で排除や疎外を味わっている」若者がいると強調しました。「まずもってもっとも深刻なのが、若年失業者の問題で、いくつかの国では考えられないほどの規模になっています。職がないことは貧困につながるばかりか、若者から夢と希望を抱く力を削《そ》ぎ、社会の発展に貢献する可能性を奪います。多くの国においてこうした状況は、若年人口の一部の人に十分な職業能力が欠けていることに由来しており、教育・訓練制度の不備もまたその要因となっています。若者を苦しめている不安定な雇用は、労働搾取を生む経済的利益につながっているのです[151]」。

271　これは、急速な技術開発と、強迫的な人件費削減の意識によって、あっという間に無数の仕事をロボットが取って代わって行おうとしている今日にこそ、政治が優先課題として検討すべき、大変微妙な問題です。これは重要な社会問題です。若者にとって仕事は、単に収入を得るための作業ではないからです。仕事は人格の尊厳の表出であり、成熟と社会参画への道であり、担うべき責任の増加と創造性の伸長にとっての不動の要因であり、個人主義や自己満足への傾きの抑止であり、自己の能力を伸ばすことで神に栄光を帰すことでもあります。

272　若者は、自分が打ち込みたいものや、新たなものを生み出すために精力と能力を注ぐ作業を、必ずしも選べるわけではありません。本人の希望に加えて、本人の能力、習熟度判定を超えたところに、現実の厳しい制約があるからです。働かずには生活できないこと、時には眼前の現実を受け入れなければならないことは事実です。それでも決して、自分の夢をあきらめてはなりません。召し出しを完全に埋葬してはいけません。全面降伏は駄目です。これこそ本物の召命だと思った自分の識別を、少しでも、不完全でもいいので、たえず、最後の最後まで、追い求め続けてください。

273　神は自分をこれに招いている、これこそ自分が造られた理由、そのことに気づくなら——看護職、大工、コミュニケーション関連業、エンジニア、教師、芸術家、その他もろもろの職があります——、その人は献身的に、私利私欲なく、没頭して、最大の力を出せるようになるでしょう。それをすること自体が目的なのではなく、他者に何かをもたらすように、と、存在の深いところで聴こえる招きにこたえての、意味があってしていることだと分かっていれば、その仕事は、その人の心に特別な満足感を与えてくれます。聖書の古い書であるコヘレトのことばがいったのは、まさにそのことです。「人間にとってもっとも幸福なのは、自分のわざによって楽しみを得ることだとわたしは悟った」(コヘレト3・22)。

特別な奉献職への召命

274　聖霊が、司祭職や修道生活への召命を自分に気づかせようとし続けているという確信を抱いたならば、全幅の信頼を置いて、主のみ名で「新たに網を打つ」べきです。わたしたちは若者一人ひとりに対し、その道を歩む可能性について、自分の胸に尋ねてみるよう伝える勇気を出してよいのですし、出すべきなのです。

275　時にわたしはこの提案を、鼻で笑って「ないです、ありえません。その道には進みません」という若者にもしてきました。ところが数年後には、その中から神学校に行く子も出ています。主は、教会から司牧者――それを欠いては教会は、自身の使命を生き、果たすことができません――を奪わないという約束を破ることはありません。たとえ一部の司祭がよいあかしを行わなかったとしても、そのために主が呼びかけを止めることはないでしょう。むしろ倍の声を上げるでしょう。ご自分の愛する教会を、どうあろうとも気にかけておられるからです。

276　召命の識別の際には、司祭職や修道生活、その他の奉献形態をもって、神に自己をささげる可能性を排除してはなりません。なぜ排除するのですか。神からの呼びかけに気づきその道を進むなら、それはあなたの人生を満たすものとなる、そう固く信じてください。

277　イエスは、ガリラヤでなさったように、わたしたちの間を歩き回っておられます。わたしたちの通りを歩かれ、立ち止まって、じっくりと、わたしたちの目をご覧になります。このおかたの呼びかけは魅力的で、心を躍らせます。しかし今日、多くの刺激がわたしたちを攻め立て、そのストレスや急速さによって、わたしたちはイエスのまなざしを受け、その呼びかけに耳を傾ける時間となる内的沈黙のための余裕を失ってしまいます。そうした間に、化粧を施されたたくさんの提案がなされます。それは美しく刺激的に見えますが、時が経てば、むなしさと、疲労感と、孤独しか残りません。そうしたことにならないようにしてください。この世界の目まぐるしさはあなたを、方角の定まらない、ゴールもない、どんな努力もすべて無駄になる、無意味なレースに引きずり込むからです。そうではなくむしろ、自省し、祈り、周りの世界をよく見つめるための助けとなる落ち着きと沈黙の時間を求め、しかもイエスとともに、この世におけるあなたの召命は何であるのかに気づけるようになってください。

第九章　識　別

278　広い意味での識別については、すでに使徒的勧告『喜びに喜べ』の中で多くを語りました。そこからいくつかの考察を取り上げ、この世界における自己の召命の識別に、当てはめてみたいと思います。

279　思い出してほしいのは、次のことです。だれもが、「なかでもとくに若者が、不断のザッピング文化にさらされています。画面を同時に二つも三つも開いて操作することや、別々の仮想空間に同時に加わることもできます。識別の知恵なしにはわたしたちは、いとも簡単に、時の風潮に流される操り人形と化してしまうでしょう」[152]。「これがとくに重要となるのは、人生に何か新しいことが現れたときです。それが神からもたらされた新しいぶどう酒なのか、それともこの世の考えや悪の霊による偽の新しいものなのかを識別しなければならないからです」[153]。

280　この識別には、「理性と分別も含まれていますが、それらを上回るものです。それは神が一人ひとりのために用意……される、かけがえのない唯一の計画の神秘をかいま見ることだからです。……問題は、わたしを知っていて愛してくださる御父のみ前にある、わたしの人生の意味、だれよりもそのおかたがよく分かっていてくださる、わたしという存在の真の姿なのです」[154]。

281　この中には、良心の形成も含まれています。良心の形成は、識別を深く、神により忠実なものになるよう育てます。「良心の形成は生涯に及ぶもので、人は一生をかけて、イエス・キリストと同じ優しさを培い、その判断基準や行為の意図を、自分のものとすることを学ぶのです（フィリピ2・5参照）[155]」。

282　この良心形成に含まれているのは、キリストによって自分を変えられること、と同時に、「良心の究明で精査される、習慣的な善の実践です。究明では、それによって罪を認定するだけでなく、日常生活、自分もその構成員である歴史的・文化的出来事、そして知恵をもって先導や寄り添いをしてくれる多くの他者のあかしの中にある、神のわざに気づくことが重要なのです。そのすべてによって、賢明の徳が培われ、自己のたまものと限界を落ち着いて認識しつつ、生きる上での大きな方向性を具体的選択に結び合わせられるようになるのです(156)」。

いかにして、あなたの召命を識別するか

283　識別には、自身の召命を認識するという目的も含まれています。だれも代わりにすることはできない、実に個人的な決断なので、独りで静かになる時間を必要とする作業です。「主は、わたしたちが携わる作業を通して、他者を通して、いつでも、わたしたちにさまざまなかたちで語りかけておられます。けれども、もっと神のことばに気づくため、授かったと感じた霊感の真の意味を解釈するため、不安を和らげて神の光のもとで己の全存在を見直

すためには、じっくりと祈る沈黙を無視することはできません」[157]。

284　ここでいう沈黙は、孤立とは違います。「祈りによる識別には、まず聞こうとする姿勢が必要だということを忘れてはなりません。つねに新たにわたしたちに問いかける、主に、他者に、そして現実にも、耳を傾けることです。聞こうとする人だけが、自分の一面的で不十分な考え方……を脱する自由を手にしています。そうして、真に呼びかけにこたえられるようになります。それは、確かだと自分が思っているものを砕き、けれどもよりよい生き方へと導く呼びかけです。すべてが順風満帆、平穏無事なだけでは、十分ではないからです。神が、さらに何かを差し出しておられても、安穏に浸り注意散漫になっていて、それに気づかずにいるのかもしれないのです[158]」。

285　自己の召命を識別しようというときには、自らに多くを問わなければなりません。もっと稼げるところ、社会的な名声や威信を高めるところはどこかと問うことから始めるのではなく、また、自分にとっていちばん楽しい仕事は何かと考えるところから始めるべきでもありません。取り違えを避けるには、もっと別のところから出発して、自問しなければなりません。見た目や感情以上の自分を知っているだろうか。心に喜びを与えるもの、悲しませるものが何か、自分で分かっているだろうか。自分の強さは何か、弱さは何か。すぐに別の問いが続きます。どうすれば世界と教会に、よりよい奉仕、よりよい務めができるだろうか。この地上におけるわたしの役割は何だろうか。社会のために何ができるだろうか。その後に、また別の現実的な疑問が続きます。その奉仕に必要な技能をもっているだろうか。または、それを身に着けたり、高めたりできるだろうか。

286　こうした問いは、自分のことや自分の好みに比重を置いて問うべきではなく、むしろ、他者との関係において、他者に向き合って問うべきです。そうすれば識別は、他者との関係の中で自分の人生を考えさせるからです。だからこそ、次のいちばん重要な問いに気づかせたいと思っています。「わたしたちは人生で再三、「自分は何者なのか」と自問して時間を無駄にしています。自分が何者なのか問うことはかまいませんし、自分が何者かを知るために一生をかけることもできます。ただし、これは問うべきです――「わたしはだれのためにあるのか」[159]。あなたが存在しているのは神のためで、それは間違いありません。ですが神はあなたに、他者のためにも存在してほしいと望んでおられます。神はあなたの中に、たくさんの性質、好み、たまもの、カリスマを置かれましたが、それらはあなたのためというよりも、他者のためのものなのです。

友であるかたの招き

287　自己の召命を識別するには、召命というものは、友であるかた、イエスからの招きであると分かっていなければなりません。友達に贈り物をするときには、いちばんいいと思うものを贈ります。最高のものとは、必ずしも高価なもの、珍しいものではなく、相手が喜んでくれると確信しているもののことです。友ならばそれがよく分かっているので、贈り物を開くときの相手の笑顔が想像できるのです。わたしは、自分の人生に神が何を望んでおられるかを知ろうとする若者には、友情によるこうした識別を手本にしてほしいと思っています。

288　主がそれぞれの人を思っておられるとき、その人に何を贈ろうかと考えておられるときには、その人をご自分の個人的な友だと思っているということを、わたしは若者たちに知っていてほしいのです。しかも、恵みであるカリスマ――あなたに充実した人生を送らせるものであり、あなたを他者の助けとなる者、歴史に足跡を残す者へと変えてくれるもの——を授けようとしているならば、それはきっと、心底あなたを喜ばせるもので、この世の何よりもあなたが夢中になるものであるはずです。それがふつうとは違ったり、稀有であったりするカリスマだからではなく、あなたにぴったり合うもの、人生全体にふさわしいものだからです。

289 召命という贈り物はもちろん、押しつけられる贈り物ではありません。神からの贈り物は双方向なもので、それらを楽しむには、賭けなければ、危険を冒さなければなりません。ですが、義務であるその要求は、外部の他者から無理やり負わされたものではないはずです。そうではなく、その贈り物が熟して他者のための贈り物になるための成長と選択を励ますためのものです。主が召し出しを生み出すときに考えておられるのは、今のあなたのことだけではなく、ご自分とともに他者とともに、あなたがなりうるすべてのものについてなのです。

290 いのちの力と、その人の人格の強さは、若者各人の内面でかき立て合い、あらゆる境界線を越えていくようその人を押し出します。経験がない分、それは勢いよく進行します。

徐々に、多くは痛みを伴う経験を重ねて、勢いが落ちるようになるとしてもです。こうした「まだ試されぬ初めの無限性」[160]へのあこがれを、イエスがわたしたちに示してくださる無条件の友情につなげておくことは重要です。選ぶべきものとしてイエスがわたしたちに示しておられるのは、どんな律法よりも、いかなる義務よりも、相互にフォロワーとなって、純粋な友情から、互いに様子を尋ね合う友人どうしのような間柄になることです。そのほかはすべて後のことです。人生の失敗ですら、決して壊れることのないこの友情を味わうための、貴重な体験になることでしょう。

傾聴と同伴

291　自己の召命を識別する若者に寄り添うことのできる人物には、司祭、修道者、信徒、専門家、さらには適格な青年がいます。他者の、人生の進むべき道の識別を助けることになった場合、まず必要なのは耳を傾けることです。この傾聴には、別々なものでありながらも補完的な、三つの感覚ないしは配慮が必要です。

292　一つ目の感覚ないし配慮は、相手に合わせるということです。ことばを通して己をさらけ出す相手に、耳を傾けるということです。こうした傾聴の姿勢は、相手に差し出す時間に表れます。長さの問題ではありません。相手が、思いの限りを伝えるのに必要な時間をあなたからもらえると思えるかどうかです。こちらが全面的に聞く姿勢をもって、気分を害したりせず、非常識だと腹を立てたりせず、面倒がったりせず、うんざりしたりせずに聞いているのだと、相手が感じられるようでなければなりません。この傾聴は、主がエマオに向かう弟子の傍らを歩き、正しい行き先とは逆の方向に向かっている長い道すがらをずっと彼らに寄り添っておられたときに、なさっていたことです（ルカ24・13―35参照）。宿に着いたのにイエスはなおも先へ行こうとする、そのときに彼らは、イエスがご自分の時間を与えてくださっていたことを知り、今度は自分たちが時間を差し出してイエスをもてなすのです。この、真摯で私欲のない傾聴は、相手の考え方や生き方を問うことなしに、相手を大切に思っているということを示します。

293　二つ目の感覚ないし配慮は、識別眼をもつことです。恵みと誘惑とを見極めるつぼを心得るということです。想像力から頭によぎったものが、わたしたちをまことの道からそらせる誘惑に過ぎないことも少なくないからです。そこで、相手が自分に伝えようとしている真意を、何をいわんとしているのか、その人の身に起きていることで、何を分かってほしいと思っているのか、思い巡らし考えなければなりません。そうしたことを考えることは、話がいろいろ飛んでも相手のいわんとするところが理解でき、その理屈に影響された感情の重みや流れを感じ取る助けとなります。この傾聴は、わたしたちに主の真理を示してくださる、よい霊である聖霊の救いのことばと、悪い霊の罠《わな》、そのごまかしや誘惑とを識別させてくれます。わたしたちは、真実と欺瞞や方便とを見分けようとする相手を支えるために必要な、勇気、愛情、細やかな配慮をもたなければなりません。

294　三つ目の感覚ないし配慮は、相手を「その先」に進ませようと駆り立てているものに耳を傾けることによるものです。「相手が本当に向かおうとしているところ」について、じっくり傾聴するということです。今ここでその人が何を感じ何を思っていようと、過去にしたことが何であれ、関心を向けるべきは、その人がどのような自分になりたがっているのかということです。それは、その人の好きなもの、表面的なあこがればかりを見るのではなく、主のみ心にいちばんかなっているもの——好みや感覚といった表面的なものよりも、心そのものの素質に表れる、その人の人生に主が思い描いておられる計画――を見るということでもあります。この傾聴は、生き方を決定的に左右する究極的な望みに注意を向けるものです。そこには、本心にあるその究極の望みを理解し真価を認めてくださるかた、イエスというおかたがいてくださるからです。それゆえそのかたは、各人がそれに気づくよう助けたいと、いつも待っておられます。ですからそのかたに、「主よ、助けてください。わたしをあわれんでください」といえれば、それだけでよいのです。

295　そして識別は、主によりいっそう忠実に従うべく奮闘する際の道具にもなります[161]。そうして、自己の召命を知りたいという望みは最大に達し、その人の生の尊厳によりふさわしくこたえる、異なる性質を帯びた、より高次のものを獲得するのです。結局よい識別とは、そうした各人各様の独自性を、ただ神おひとりが知っておられる、どこまでも個人的でごくごく私的な現実を目に見えるものとする、自由の道だからです。他者には、それがどう展開するかを、はた目からすっかり見通すことも予想することもできないのです。

296　ですから、この流儀で相手に耳を傾ける場合、相手が自分で発見した道を進んでいけるよう、ある地点で、聴き手は姿を消さなければなりません。弟子たちの前から姿を消して、出発したいという抗《あらが》いがたい衝動となる、燃える心だけを彼らに残す主のように（ルカ24・31―33参照）、姿を消すことです。共同体に戻ったときにエマオの弟子たちは、主はまことに復活されたという確証を得ることになったのです（ルカ24・34参照）。

297　「時は空間に勝る」[162]のですから、わたしたちがすべきことは歩みの過程をもり立て、それに同伴することであって、進路を押しつけることではありません。それが、唯一無二で、自由であり続ける人間の、歩む過程なのです。ですから、たとえ見受けられるものすべてが肯定的であったとしても、処方箋を作るのは難しいのです。「積極的要素には注意深い識別の作業が必要」だからです。「さもないと各要素は孤立し対立したものに、絶対化され互いに反目し合うものになってしまうでしょう。消極的要素についても同じことがいえます。区別せずひとまとめに否定すべきではありません。個々の要素のうちには、突き詰めれば解放と回復が予測されるような価値が潜んでいるかもしれないからです[163]」。

298　それにしても、この歩みを進める他者に寄り添うためには、第一にあなた自身が、その識別の歩みを続けることを習慣にしている必要があります。マリアはまだ幼いころにも、自分の疑問や苦悩に向き合ってそうしていました。マリアが、その祈りの力であなたの若さを新たにしてくださり、母なるその存在をもって、いつもあなたに寄り添ってくださいますように。

＊＊＊

終わりに――願い

299　愛する若者の皆さん。のろのろびくびくしている人たちを追い越し駆けていくあなたたちを見られたなら、わたしは喜ばしく思います。「わたしたちが聖体において礼拝し、苦しむ兄弟姉妹の姿に見いだす、あのいとしいみ顔に魅せられて」駆けていきなさい。「聖霊が、このレースを走るあなたたちを、前へとせきたててくださいます。教会には、あなたたちの勢い、あなたたちの直観力、あなたたちの信仰が必要です。皆さんが必要なのです。だから、わたしたちのまだ見ぬ場所に皆さんがたどり着いたときには、どうか辛抱強く、わたしたちのことを待っていてください[164]」。

教皇在位第七年、二〇一九年三月二十五日　神のお告げの祭日

ロレト、聖なる家の巡礼聖堂にて

フランシスコ

注

第一章

（1）「新しい」と訳されているギリシア語は、「若い」という表現にも用いられる。

（2）聖アウグスティヌス『告白』（*Confessiones* X, 27: PL 32, 795〔宮谷宣史訳、『キリスト教古典叢書　告白録』教文館、二〇一二年、三五二頁〕）。

第二章

（3）聖イレネオ『異端反駁』（*Adversus haereses*, II, 22, 4: PG 7, 784〔大貫隆訳、『キリスト教教父著作集2／II　エイレナイオス2　異端反駁II』教文館、二〇一七年、一〇四頁〕）。

（4）第十五回通常シノドス「最終文書（二〇一八年十月二十七日）」60（*Documento Final*）。

（5）『カトリック教会のカテキズム』515。

（6）同517。

（7）聖ヨハネ・パウロ二世「一般謁見講話（一九九〇年六月二十七日）」2—3（*Insegnamenti* 13, 1 [1990], 1680-1681）。

（8）教皇フランシスコ使徒的勧告『愛のよろこび（二〇一六年三月十九日）』182（*Amoris laetitia*: AAS 108 [2016], 384）。

（9）「最終文書」63。

（10）教皇パウロ六世「第二バチカン公会議閉幕最終メッセージ——若者へ（一九六五年十二月八日）」（AAS 58 [1966], 18）。

（11）同。

（12）「最終文書」1。

（13）同8。

（14）同50。

（15）同53。

（16）第二バチカン公会議『啓示憲章』8（*Dei Verbum*）参照。

（17）「最終文書」150。

（18）教皇フランシスコ「第三十四回ＷＹＤ《ワールドユースデー》パナマ大会前晩の祈りでの講話（二〇一九年一月二十六日）」（*L'Osservatore Romano*, ed. semanal en lengua española [1 febrero 2019], p. 12）。

（19）同「ＷＹＤパナマ大会十字架の道行結びの祈りのことば（二〇一九年一月二十五日）」（*L'Osservatore Romano*, ed. semanal en lengua española [1 febrero 2019], p. 8.）。

（20）「最終文書」65。

（21）同167。

（22）聖ヨハネ・パウロ二世「トリノにおける若者への講話（一九八〇年四月十三日）」4（*Insegnamenti* 3, 1 [1980], 905）。

（23）教皇ベネディクト十六世「第二十七回世界青年の日メッセージ（二〇一二年三月十五日）」（AAS 104 [2012],

359)。

第三章

(24)「最終文書」8。
(25) 同。
(26) 同10。
(27) 同11。
(28) 同12。
(29) 同41。
(30) 同42。
(31) 教皇フランシスコ「マニラにおける若者への講話(二〇一五年一月十八日)」(*L'Osservatore Romano*, ed. semanal en lengua española [23 enero 2015], p. 12)。
(32)「最終文書」34。
(33)「第十五回通常シノドス準備会(プレシノドス)文書(二〇一八年三月二十四日)」I・1。
(34)「最終文書」39。
(35) 同37。
(36) 教皇フランシスコ回勅『ラウダート・シ――ともに暮らす家を大切に(二〇一五年五月二十四日)』106(AAS 107 [2015], 889-890)参照。

(37)「最終文書」37。
(38) 同67。
(39) 同21。
(40) 同22。
(41) 同23。
(42) 同24。
(43)「第十五回通常シノドス準備会（プレシノドス）文書（二〇一八年三月二十四日）」Ⅰ・4。
(44)「最終文書」25。
(45) 同。
(46) 同26。
(47) 同27。
(48) 同28。
(49) 同29。
(50) 教皇フランシスコ「〝教会における未成年者の保護〟に関する会合の閉会演説（二〇一九年二月二十四日）」(*L'Osservatore Romano*, ed. semanal en lengua española [1 marzo 2019], p. 9)。
(51)「最終文書」29。
(52) 教皇フランシスコ「神の民へあてた手紙（二〇一八年八月二十日）」(*L'Osservatore Romano*, ed. semanal en lengua española [24 agosto 2018], p. 6)。

（53）「最終文書」30。

（54）教皇フランシスコ「第十五回通常シノドス開会演説（二〇一八年十月三日）」（*L'Osservatore Romano*, ed. semanal en lengua española [5 octubre 2018], p. 10）。

（55）「最終文書」31。

（56）同。

（57）第二バチカン公会議『現代世界憲章』（*Gaudium et spes*）1。

（58）「最終文書」31。

（59）同。

（60）教皇フランシスコ「〝教会における未成年者の保護〟に関する会合の閉会演説（二〇一九年二月二十四日）」（*L'Osservatore Romano*, ed. semanal en lengua española [1 marzo 2019], p. 10）。

（61）Francisco Luis Bernárdez, «Soneto», en *Cielo de tierra*, Buenos Aires 1937.

（62）教皇フランシスコ使徒的勧告『喜びに喜べ――現代世界における聖性（二〇一八年三月十九日）』140。

第四章

（63）教皇フランシスコ「第三十一回ＷＹＤクラクフ大会閉会ミサ説教（二〇一六年七月三十一日）」（AAS 108 [2016], 923）。

（64）教皇フランシスコ「ＷＹＤパナマ大会開会式講話（二〇一九年一月二十四日）」（*L'Osservatore Romano*, ed. semanal en lengua española [25 enero 2019], p. 7）。

(65) 教皇フランシスコ使徒的勧告『福音の喜び（二〇一三年十一月二十四日）』1（*Evangelii gaudium*: AAS 105 [2013], 1019）。

(66) 同3（AAS 3 [2013], 1020）。

(67) 教皇フランシスコ「WYDパナマ大会晩の祈りでの講話（二〇一九年一月二十六日）」（*L'Osservatore Romano*, ed. semanal en lengua española [1 febrero 2019], p. 13）。

(68) 教皇フランシスコ「シノドス会期中の青年との集いでの講話（二〇一八年十月六日）」（*L'Osservatore Romano*, ed. semanal en lengua española [12 octubre 2018], pp. 6-7）。

(69) 教皇ベネディクト十六世回勅『神は愛（二〇〇五年十二月二十五日）』1（*Deus Caritas est*: AAS 98 [2006], 217）。

(70) Pedro Arrupe, *Enamórate*.

第五章

(71) 聖パウロ六世「ヌンツィオ・スルプリツィオ列福式での講話（一九六三年十二月一日）」（AAS 56 [1964], 28）。

(72) 「最終文書」65。

(73) 教皇パウロ六世「シドニーにおける青年ミサでの説教（一九七〇年十二月二日）」（AAS 63 [1971], 64）。

(74) 聖アウグスティヌス『告白』（*Confessiones*, I, 1, 1: PL 32, 661［山田晶訳、『世界の名著14　アウグスティヌス告白』中央公論社、一九六八年、五十九頁］）。

(75) 教皇フランシスコ『神は若い——トーマス・レオンチーニとの対話』（*Dios es joven. Una conversación con Thomas Leoncini*, ed. Planeta, Barcelona 2018, 16-17）。

(76) 「最終文書」68。

(77) 教皇フランシスコ「カリャリでの若者との集いでの講話（二〇一三年九月二十二日）」（AAS 105 [2013], 904-905）。

(78) グエン・ヴァン・トゥアン『5つのパンと2ひきの魚』（日本カトリック難民移住移動者委員会訳、女子パウロ会、二〇〇七年、二七頁、飯塚成彦訳『希望の道——牢獄からの福音』ドン・ボスコ社、二〇〇三年、二五四頁）。

(79) スイス司教協議会「あなたのための時、わたしのための時、わたしたちのための時——二〇一八年病者の日の司教団メッセージ（二〇一八年二月二日）」。

(80) 聖トマス・アクィナス『神学大全』（*Summa Theologiae*, II-II, q. 23, a. 1［稲垣良典訳、『神学大全16』創文社、一九八七年、一一九—一二二頁］）参照。

(81) 教皇フランシスコ「WYDパナマ大会ボランティアへのあいさつ（二〇一九年一月二十七日）」（*L'Osservatore Romano*, ed. semanal en lengua española [1 febrero 2019], p. 17）。

(82) 聖オスカル・ロメロ「説教（一九七七年十一月六日）」（*Su pensamiento*, I-II, San Salvador 2000, 312）。

(83) 教皇フランシスコ「WYDパナマ大会開会式講話（二〇一九年一月二十四日）」（*L'Osservatore Romano*, ed. semanal en lengua española [25 enero 2019], p. 6）。

(84) 教皇フランシスコ「チリのサンティアゴのマイプ巡礼聖堂での若者との集いでの講話（二〇一八年一月十七日）」（*L'Osservatore Romano*, ed. semanal en lengua española [19 enero 2018], p. 11）参照。

(85) ロマーノ・グァルディーニ『年齢』（*Die Lebensalter. Ihre ethische und pädagogische Bedeutung*, Würzburg 1955, 20［永野藤夫訳、『権力について——道案内の試み／「年齢」と人間理解——その道徳的教育的意味』天使館、二〇〇二年、一四二頁〕参照。

(86) 教皇フランシスコ使徒的勧告『喜びに喜べ——現代世界における聖性(二〇一八年三月十九日)』11 (*Gaudete et Exsultate*)。

(87) 十字架の聖ヨハネ『霊の賛歌』(*Cántico Espiritual B*, Prólogo, 2〔東京女子跣足カルメル会訳、ドン・ボスコ社、一九六三年、一七頁〕)。

(88) 同(*Ibid.*, XIV-XV, 2〔前出邦訳、一五一頁〕)。

(89) ルワンダ司教協議会「ルワンダにおける和解の特別年の信者あて司教団書簡(キガリ、二〇一八年一月十八日)」17。

(90) 教皇フランシスコ「ハバナのパードレ・フェリックス・ヴァレラ文化センターの若者へのあいさつ(二〇一五年九月二十日)」(*L'Osservatore Romano*, ed. semanal en lengua española [25 septiembre 2015], p. 5)。

(91) 「最終文書」46。

(92) 教皇フランシスコ「第二十八回WYDリオデジャネイロ大会前晩の祈りでの講話(二〇一三年七月二十七日)」(AAS 105 [2013], 663)。

(93) 聖アルベルト・ウルタド「サン・クリストバル・センターでの講話「あなたがたは世の光」(チリ、一九四〇年)」(*Ustedes son la luz del mundo*, en: https://www.padrealbertohurtado.cl/escritos-2/)。

(94) 教皇フランシスコ「WYDリオデジャネイロ大会閉会ミサ説教(二〇一三年七月二十八日)」(AAS 105 [2013], 665)。

(95) 韓国司教協議会「丙寅洋擾の迫害一五〇周年記念司牧書簡(二〇一六年三月三十日)」。

(96) 教皇フランシスコ「WYDパナマ大会閉会ミサ説教(二〇一九年一月二十七日)」(*L'Osservatore Romano*, ed. semanalen lengua española [1 febrero 2019], pp. 14-15)参照。
(97) アッシジの聖フランシスコ作といわれている祈り「主よ、わたしを平和の道具としてお使いください」。

第六章

(98) 教皇フランシスコ「WYDパナマ大会前晩の祈りでの講話(二〇一九年一月二十六日)」(*L'Osservatore Romano*, ed. semanal en lengua española [1 febrero 2019] p. 13)。
(99) 「最終文書」14。
(100) 教皇フランシスコ回勅『ラウダート・シ――ともに暮らす家を大切に(二〇一五年五月二十四日)』145(*Laudato si'*: AAS 107 [2015], 906)参照。
(101) 教皇フランシスコ「パナマでの先住民族世界青年会議へのビデオメッセージ(二〇一九年一月十七―二十一日)」(*L'Osservatore Romano*, ed. semanal en lengua española [25 enero 2019], p. 10)。
(102) 「最終文書」35。
(103) 聖大バジリオ「若者へ」(*Ad adolescentes*, I, 2: PG 31, 565)参照。
(104) 教皇フランシスコと友人たち『時の知恵』(*La sabiduría de los años*, ed. Mensajero, Bilbao 2018)参照。
(105) 同12。
(106) 同13。
(107) 同。

(108) 同。

(109) 同162―163。

(110) Eduardo Pironio, *Mensaje a los jóvenes argentinos en el Encuentro Nacional de Jóvenes en Córdoba* (12-15 septiembre 1985), 2.

第七章

(111) 「最終文書」123。

(112) ロマーノ・グァルディーニ「キリスト教の本質」（*Das Wesen des Christentums / Die neue Wirklichkeit des Herrn*, Mainz 1991, 14）。

(113) 教皇フランシスコ使徒的勧告『福音の喜び』（二〇一三年十一月二十四日）165（*Evangelii gaudium*: AAS 105 [2013], 1089）。

(114) 教皇フランシスコ「パナマの施設よきサマリア人の家訪問時の講話（二〇一九年一月二十七日）」（*L'Osservatore Romano*, ed. semanal en lengua española [1 febrero 2019], p. 16）。

(115) 「最終文書」36。

(116) 教皇フランシスコ使徒憲章『真理の喜び（二〇一七年十二月八日）』4（*Veritatis gaudium*: AAS 110 [2018], 7-8）参照。

(117) 教皇フランシスコ「ボローニャのサン・ドメニコ広場における、学生および学術界代表者との会合でのあいさつ（二〇一七年十月一日）」（AAS 109 [2017], 1115）。

(118) 「最終文書」51。

(119) 同47。

(120) 聖アウグスティヌス「説教」（*Sermo* 256, 3: PL 38, 1193〔小高毅訳『古代教父の説教』教文館、二〇一二年、三一六頁〕）。

(121) 「最終文書」47。

(122) 教皇フランシスコ「国際スペシャルオリンピックス代表団へのあいさつ（二〇一七年二月十六日）」（*L'Osservatore Romano* [17 febrero 2017], p. 8）。

(123) 聖大バジリオ「若者へ」（*Ad Adolescentes*, VIII, 11-12: PG 31, 580）。

(124) アルゼンチン司教協議会「サン・ミゲル宣言（ブエノスアイレス、一九六九年）」十・1。

(125) Rafael Tello, *La nueva evangelización*, Tomo II (Anexos I y II), Buenos Aires 2013, 111.

(126) 教皇フランシスコ使徒的勧告『福音の喜び（二〇一三年十一月二十四日）』44—45（*Evangelii gaudium*: AAS 105 [2013], 1038-1039）参照。

(127) 「最終文書」70。

(128) 同117。

(129) 同4。

(130) 教皇フランシスコ使徒的勧告『福音の喜び（二〇一三年十一月二十四日）』124（*Evangelii gaudium*: AAS 105 [2013], 1072）。

(131) 同122（*Ibid*.: AAS 105 [2013], 1071）。

(132) 「最終文書」9。

(133)「第十五回通常シノドス準備会（プレシノドス）文書（二〇一八年三月二十四日）」12。
(134) 同10。
(135)「最終文書」15。

第八章

(136) 教皇フランシスコ使徒的勧告『喜びに喜べ――現代世界における聖性（二〇一八年三月十九日）』2（*Gaudete et exsultate*）。
(137) 第二バチカン公会議『教会憲章』11（*Lumen gentium*）。
(138) 教皇フランシスコ「WYDパナマ大会前晩の祈りでの講話（二〇一九年一月二十六日）」（*L'Osservatore Romano*, ed. semanal en lengua española [1 febrero 2019] p. 12）。
(139) 教皇フランシスコ使徒的勧告『福音の喜び（二〇一三年十一月二十四日）』273（*Evangelii gaudium*: AAS 105 [2013], 1130）。
(140) 聖パウロ六世回勅『ポプロールム・プログレシオ（一九六七年三月二十六日）』15（*Populorum progressio*: AAS 59 [1967], 265）。
(141) 聖アルベルト・ウルタド「青年向け四旬節黙想（米国からの帰国時に貨物船内で執筆、一九四六年）」（https://www.padrealbertohurtado.cl/escritos-2/）。
(142) 教皇フランシスコ「アッシジにおけるウンブリアの若者との集いでのあいさつ（二〇一三年十月四日）」（AAS 105 [2013], 921）。

(143) 教皇フランシスコ使徒的勧告『愛のよろこび(二〇一六年十月四日)』150(*Amoris Laetitia:* AAS 108 [2016], 369)。

(144) 教皇フランシスコ「グルノーブル-ヴィエンヌ教区(フランス)の若者グループの教皇謁見時のあいさつ(二〇一八年九月十七日)」(*L'Osservatore Romano* [19 settembre 2018], p. 8)。

(145) 「最終文書」32。

(146) 教皇フランシスコ「WYDリオデジャネイロ大会ボランティアへのあいさつ(二〇一三年七月二十八日)」(*Insegnamenti*, 1, 2 [2013], 125)。

(147) コロンビア司教協議会「結婚に関するキリスト教のメッセージ(一九八一年五月十四日)」。

(148) 米国司教協議会「光の息子、娘たち――若い成人の司牧プラン(一九九六年十一月十二日)」第一章3。

(149) 教皇フランシスコ回勅『ラウダート・シ――ともに暮らす家を大切に(二〇一五年五月二十四日)』128(*Laudato si':* AAS 107 [2015], 898)。

(150) 同125(*Ibid.:* AAS 107 [2015], 897)。

(151) 「最終文書」40。

第九章

(152) 教皇フランシスコ使徒的勧告『喜びに喜べ――現代世界における聖性(二〇一八年三月十九日)』167(*Gaudete et exsultate*)。

(153) 同168。

(154) 同170。

(155) 「最終文書」108。

(156) 同。

(157) 教皇フランシスコ使徒的勧告『喜びに喜べ——現代世界における聖性(二〇一八年三月十九日)』171 (*Gaudete et exsultate*)。

(158) 同172。

(159) 教皇フランシスコ「サンタ・マリア・マッジョーレ大聖堂におけるWYDパナマ大会準備のための晩の祈りでの講話(二〇一七年四月八日)」(AAS 109 [2017], 447)。

(160) ロマーノ・グァルディーニ『年齢』(*Die Lebensalter. Ihre ethische und pädagogische Bedeutung*, Würzburg 1955, 20 [前出邦訳、一四二頁])。

(161) 教皇フランシスコ使徒的勧告『喜びに喜べ——現代世界における聖性(二〇一八年三月十九日)』169 (*Gaudete et exsultate*)。

(162) 教皇フランシスコ使徒的勧告『福音の喜び(二〇一三年十一月二十四日)』222 (*Evangelii gaudium*: AAS 105 [2013], 1111)。

(163) 聖ヨハネ・パウロ二世使徒的勧告『現代の司祭養成(一九九二年三月二十五日)』10 (*Pastores dabo vobis*: AAS 84 [1992], 672)。

(164) 教皇フランシスコ「ローマのチルコ・マッシモにおける、イタリアの若者との晩の祈りでの青年との対話集会の結びのことば(二〇一八年八月十一日)」(*L'Osservatore Romano* [13-14 agosto 2018], p. 6)。

略号

AAS　*Acta Apostolicae Sedis*
PG　*Patrologia Graeca*
PL　*Patrologia Latina*

聖書の引用は原則として日本聖書協会『聖書　新共同訳』（二〇〇〇年版）を使用しました。ただし、漢字・仮名の表記は本文に合わせています。その他の訳文の引用に関しては出典を示していますが、引用に際し、一部表現や用字を変更した箇所があります。

あとがき

教皇フランシスコの四つ目となる使徒的勧告 *Christus vivit* の邦訳をお届けいたします。

本書は、二〇一八年十月三日から二十八日にかけてバチカンで開催された、世界代表司教《シノド》会《ス》議第十五回通常総会を受けてまとめられたもので、二〇一九年三月に公布されました。

今回のシノドスのテーマは「若者、信仰、そして召命の識別」でした。日本においても、そしてキリスト教が歴史にしっかりと根づいているはずの西欧諸国においても、青年の教会離れは深刻な問題です。本会議では青少年司牧について活発な議論が展開されましたが、同時に、各国で事実が次々と明らかになっている、聖職者による未成年者に対する性的虐待の問題がクローズアップされる会議ともなりました。教皇はこの問題から目を背けることなく、真っ向から向き合う決意を表明していますが（「教皇から神の民にあてた手紙」、ペトロ文庫『教皇フランシスコ講話集6』所収）、こうした問題が多くの青年にとってつまずきとなっていることも教会は看過できません。これについては、各国司教より数多くの意見が出されたようです。

さて、本使徒的勧告ですが、本文の3で説明されているとおり、教皇はある箇所では「直接青年に向けて語り」、また別の箇所では「教会の識別のためのより全般的な説明」を展開しています。これが、章のような大きなくくりで分けられるのではなく混在しているので、読んでいて多少戸惑うところがあります。翻訳に際しても、困難を感じる点でした。

また教皇は、コンピュータ、インターネット、SNSなどの世界の用語を意識的に多用しています。

シノドス本会議に先駆け、二〇一八年三月十九日から二十四日にかけて、若者自身を主役に据えたシノドス準備会（プレシノドス）が開催されました。約三百人の青年が世界中からローマに集まりましたが、それのみならず、フェイスブック上で一万五千人もの若者が、この準備会に参加したのです。「インターネットとSNSは、若者のもとへ行き彼らを巻き込むために、司牧の計画や活動においても、すでに欠かせない場」（87）であるという認識は、本使徒的勧告で強調される点の一つです。

若者向けのたとえにおいても、そうした語は用いられています。252にはこうあります。

イエスがわたしたちにくださる人生は愛の物語であり、わたしたちと溶け合いたい、各人の地に根づきたいと望む、いのちの物語です。そのいのちは、「クラウド上」でダウンロードされるのを待つ救済でもないですし、発表前の新しい「アプリ」でもないですし、自己啓発法で獲得されたメンタルエクササイズでもありません。神がわたしたちにくださるいのちは、最新のものを学ぶための「チュートリアル」でもありません。

若者に理解しやすいようにとの配慮をもってのことばですが、少々ユーモアのテイストも加味されているように思います。こうしたところに、フランシスコ教皇ならではの温かさを感じるかたもおられるのではないでしょうか。

さらに44では、お告げに対して「はい」と答えたマリアの強さをたたえたうえで、彼女のことを「神を伝えるインフルエンサー」だといっています。

インフルエンサーとは、世の中に多大な影響を与える人のことです。この語は、ブログのようなSNSが一般化するとともに頻繁に使われるようになりました。たとえば、ある人がブログやインスタグラムで特定の商品を紹介する、するとその商品が爆発的に売れ、たちまち店頭から姿を消してしまう、そうした影響力を指して用いられる語です。こうした波及効果は、現在では意図的にマーケティング戦略にも応用されています。

なじみのないことばに対し戸惑いを感じる読者がいらっしゃるかもしれません。しかし、細かな訳注を付すことは、あえていたしませんでした。そうしたことばを日常生活で用いている若者にとっては、煩わしさを感じることになりかねないからです。彼らこそ、教皇が語りかけている相手なのですから、それを大事にしたいと考えました。

さらに加えて、これがもっともやっかいなことかもしれませんが、教皇の出身地である南米の教会ならではのことと思われる若者に関する習慣や行事が、とくに補足的な説明が付されることもなく、共通理解されていることがらであるかのように語られている例がいくつかあるのです。たとえば次のような箇所（240）です。

若者が本当に豊かになるのは、内気を克服し、外に出て家を訪ねる勇気をもったときです。そうして彼らは人々の生活に触れ、自分の家族や仲間以外に目を向けることを学び、もっと広い見方で人生を理解するようになるのです。それと同時に、信仰と、教会への帰属意識も強まるのです。準備期間を経て、多くは休暇中に行われる若者による宣教は、新たな信仰体験や、さらには召命についての真剣なひらめきを呼び起こしうるものです。

ここに「多くは休暇中に行われる若者による宣教」とあります。アルゼンチンの教会の若者には、自分で貯めたお金で遠く離れた司祭が少ない地域の教会に行き、そこに寝泊まりして地域の人々と活動するという「ミッション」を行う習慣があるのだそうです（参照：西村桃子「インタビュー　〝ミッション〟は不可能ではない」、オリエンス宗教研究所「福音宣教」二〇一九年六月号）。翻訳を開始した当初はそのことを知らず、いったい何のことをいっているのだろうと首を傾げた箇所でした。しかしそれを知った後では、直前にある「内気を克服し、外に出て家を訪ねる勇気」ということばが、非常に具体的なことをも指しているのだと理解できます。こうした点、西欧の信者には、それぞれのバックグラウンドをもって類推ができてしまうのかもしれません。

最後にもう一つ、簡単に注釈を加えておいたほうがよいと思われる箇所について触れておきます。192に「幻《ヴィジョン》」ということばが出てきます。ヴィジョンと振り仮名を振っていますが、スペイン語でもイタリア語でも、英語の vision に相当する語が用いられています。これに「幻」という訳語を当てたのは、そこで引用されている旧約のヨエル書（3・1）において「幻」とされているからです。ですが、「幻」と「ヴィジョン」では、その語が意味する範囲が相当異なります。ここでいわれている老人の「夢」に対応する若者の「幻」は、まったくの「ゆめまぼろし」ではなく、現実に即した展望や理想を指していると考えられますので、そうした意味で「幻」という日本語は、ふさわしいとはいえないかもしれません。しかし、引用されている聖書本文と異なる訳語を当てるという決断は、ここに関してはどうしてもできませんでした。この対比自体が聖書のテキストを踏まえているからです。フランシスコ会訳もバルバロ訳も、当該箇所は「幻」です。さらに参照箇所として示されている使徒言行録2・17はヨエルの預言の引用ですから、当然そこも、右の聖書翻訳いずれにおいても「幻」です。ですので苦肉の策として、「ヴィジョン」と振り仮名を付すことで対処いたしました。

本邦訳が、日本の各地の教会で生き生きと活躍する若い男女の姿を増やすこと、そして、彼らが主役となって思う存分働くことのできる場を教会に数多く作ること、そうしたことに少しでも役立てばと、心から願っております。

二〇一九年七月

カトリック中央協議会出版部

ADHORTATIO APOSTOLICA
POST-SYNODALIS
CHRISTUS VIVIT
Libreria Editrice Vaticana Ⓒ 2019

事前に当協議会事務局に連絡することを条件に、通常の印刷物を読めない、視覚障害者その他の人のために、録音または拡大による複製を許諾する。ただし、営利を目的とするものは除く。なお点字による複製は著作権法第37条第1項により、いっさい自由である。

使徒的勧告　キリストは生きている

2019年9月2日 発行　　日本カトリック司教協議会認可

著　者　教皇フランシスコ
訳　者　カトリック中央協議会事務局
発　行　カトリック中央協議会
〒135-8585 東京都江東区潮見2-10-10 日本カトリック会館内
☎03-5632-4411（代表）、03-5632-4429（出版部）
https://www.cbcj.catholic.jp/

印刷　株式会社精興社

Ⓒ 2019 Catholic Bishops' Conference of Japan,　Printed in Japan
定価はカバーに表示してあります　　ISBN978-4-87750-221-8 C0016

乱丁本・落丁本は、弊協議会出版部あてにお送りください
弊協議会送料負担にてお取り替えいたします

教皇フランシスコ公文書　既刊

使徒的勧告　喜びに喜べ

現代世界における聖性

GAUDETE ET EXSULTATE

主からすべてのキリスト者へと向けられた、聖性への招きの考察。秘跡、犠牲、信心業といった、過去の多くの書で説かれる聖化の手段を反復するのではなく、一人ひとりが日常生活の中で、神と隣人への愛によって歩む聖性の道を説く。「小さなことにも心を配るように」と弟子に教えられたイエスに倣う実践への招き。

教皇フランシスコ公文書　既刊

使徒的勧告　愛のよろこび

AMORIS LAETITIA

社会や環境の急激な変化、個人主義の台頭、人間の関係性の希薄化や変貌などにより、価値が揺らぎ危機に瀕している「家庭」と、それを築く根本である「結婚」。そうした現代の危機への認識から出発し、社会の最小単位である家庭の不変の価値を、過去の教会の独善的ですらあった姿勢に対する反省を伴いつつ説く。

教皇フランシスコ公文書　既刊

回勅　ラウダート・シ

ともに暮らす家を大切に

LAUDATO SI'

大気、海洋、河川、土壌の汚染、生物多様性の喪失、森林破壊、温暖化、砂漠化、山積された廃棄物……。人間の活動が他者と全被造物とに与える影響に関する、連帯と正義の観点からの考察。しわ寄せを被る開発途上国と将来世代に対し、担うべき責任とは何かを問う。環境問題解決に向けた積極的取り組みへの決意の表明。

教皇フランシスコ公文書　既刊

使徒的勧告　福音の喜び

EVANGELII GAUDIUM

共同体、聖職者、そしてすべての信者に対し、自分自身の殻に閉じこもることなく外へと出向いて行き、弱い立場にある人、苦しむ人、貧しい人、すべての人に福音を伝えるよう強く促す。「熱意と活力に満ちた宣教の新しい段階」への歩みを望む教皇の思いが力強く表現された、愛と希望と励ましに満ちた使徒的勧告。

教皇フランシスコ公文書　既刊

回勅　信仰の光

LUMEN FIDEI

ベネディクト十六世が草稿をまとめ、フランシスコが引き継ぎ完成させた回勅。信じる者の歩みを聖書を通して確認し、教会と社会における信仰のあり方と意味を説く。相対的価値観がはびこり、真理が危機に瀕している現代において、人間を孤立した自我から広い交わりへと連れ出す「信仰の光」の再発見を強く促す。

教皇ベネディクト十六世公文書　既刊

回勅　真理に根ざした愛

CARITAS IN VERITATE

人類の真の発展を支える主要な推進力であり、教会の社会教説の軸となる原理である「真理に根ざした愛」を説く社会回勅。真理を相対化し、注意を払わず、その存在すら認めようとしない現代社会に対し、真理により照らされた愛の実践を促し、真理に満たされているからこそ、愛の理解が可能であることを明示する。

教皇ベネディクト十六世公文書　既刊

回勅 希望による救い

SPE SALVI

近代科学の発展により、私的・個人的領域に追いやられてしまっている希望。キリスト教信仰におけるその真の価値を示す回勅。聖書と初代教会の世界を通して希望の概念を明らかにし、近代におけるその変容を批判的に検討したうえで、現代に生きるわたしたちが希望を学び実践する「場」についての考察を展開する。